Juan Ruiz de Alarcón

# El dueño
# de las estrellas

Barcelona **2024**
Linkgua-ediciones.com

## Créditos

Título original: El dueño de las estrellas.

© 2024, Red ediciones S.L.

e-mail: info@linkgua.com

Diseño de cubierta: Michel Mallard.

ISBN rústica: 978-84-9816-294-3.
ISBN ebook: 978-84-9897-222-1.

Cualquier forma de reproducción, distribución, comunicación pública o transformación de esta obra solo puede ser realizada con la autorización de sus titulares, salvo excepción prevista por la ley. Diríjase a CEDRO (Centro Español de Derechos Reprográficos, www.cedro.org) si necesita fotocopiar, escanear o hacer copias digitales de algún fragmento de esta obra.

# Sumario

**Créditos** _____ 4

**Brevísima presentación** _____ 7
   La vida _____ 7

**Personajes** _____ 8

**Jornada primera** _____ 9

**Jornada segunda** _____ 47

**Jornada tercera** _____ 77

**Libros a la carta** _____ 125

## Brevísima presentación

### La vida
Juan Ruiz de Alarcón y Mendoza (1581-1639). México.
Nació en México y vivió gran parte de su vida en España. Era hijo de Pedro Ruiz de Alarcón y Leonor de Mendoza, ambos con antepasados de la nobleza. Estudió abogacía en la Real y Pontificia Universidad de la Ciudad de México y a comienzos del siglo XVII viajó a España donde obtuvo el título de bachiller de cánones en la Universidad de Salamanca. Ejerció como abogado en Sevilla (1606) y regresó a México a terminar sus estudios de leyes en 1608. En 1614 volvió otra vez a España y trabajó como relator del Consejo de Indias. Era deforme (jorobado de pecho y espalda) por lo que fue objeto de numerosas burlas de escritores contemporáneos como Francisco de Quevedo, que lo llamaba «corcovilla», Félix Lope de Vega y Pedro Calderón de la Barca.

**Personajes**

Bato, villano
Coridon, gracioso villano
Crineo, escudero
Danteo, criado
Diana, dama
Doristo, villano
El Rey de Creta, galán
Licurgo, galán
Lidoro, villano
Marcela, dama
Menga, villana
Palante, cortesano
Polidoro, cortesano
Severo, viejo grave
Telamon, criado
Telemo, criado
Teón, galán
Un Alcaide

## Jornada primera

(Salen al son de chirimías el Rey. Severo, Palante, descubren en lo alto un Sol en un altar, arrodíllanse el Rey y Severo, sacan pendientes del cuello unas medallas doradas.)

Rey                  Deifica gloria, refulgente Apolo,
del cielo cuarto ilustrador eterno,
a quien los hados concedieron solo
de la luz la tiara y el gobierno,
que desde Arturo al contrapuesto Polo,
y desde el alto Empíreo al hondo infierno
con tus piramidales rayos miras,
mientras el carro de diamante giras,
pues Júpiter ordena soberano
que yo en la edad de joven floreciente
el cetro mueva en la inexperta mano,
que dilata su Imperio en el Oriente:
tu vaticinio, que jamás es vano,
ciego me alumbre, y tímido me aliente,
el orden de reinar en paz me explique,
y en mí y en mi corona pronostique.

(Habla uno detrás del Oráculo. Pide a Licurgo el árbol venturoso. Cúbrenlo. Tocan chirimías.)

Severo            Aquí cesó el Oráculo Febeo.

Rey                  Su respuesta me deja más dudoso;
su fin no entiendo, y sus palabras creo.

Severo            Interpretarlo pues será forzoso,
para cumplir, señor, vuestro deseo.

Rey

> Diga Palante, que misterio esconde,
> según su voto, lo que el Dios responde.

Palante

> Yo entiendo, gran señor, que Apolo ordena
> que de Licurgo el Espartano imites,
> la vida singular de ciencias llena,
> porque el bien de tu Reino facilites.

Rey

> Tu explicación, Palante, es muy ajena
> de la verdad, si la razón admites:
> que el cargo de reinar no me reserva
> tiempos que dar al culto de Minerva.

Palante

> Yo quedo convencido, y ya deseo
> que vuestra Alteza la sentencia oscura
> explique del Oráculo Febeo.

Rey

> Deste Reino Cretense la ventura
> el santo vaticinio, según creo,
> pronostica, y del todo la asegura,
> si las leyes traslado a este hemisferio,
> que dio Licurgo al Espartano Imperio.

Palante

> Gran Rey de Creta, no a tu ingenio agudo
> hay ciego enigma, frasi no secreta.

Rey

> ¿Qué decís vos, Seucro?

Severo

> Que no pudo
> a la respuesta del mayor planeta
> darse otra explicación.

Rey

> Pues yo no dudo,
> si vuestro gran saber nos la interpreta,

       que la entendáis mejor, decid Severo.

Severo    Obedeceros, no enmendaros, quiero.
       Pide a Licurgo el árbol venturoso,
       dijo el Dios, y mi lengua así lo explica.
       no hay árbol para un Reino más dichoso,
       que el de la oliva, porque paz publica,
       pues pedillo a Licurgo el luminoso
       Apolo manda, claro significa;
       que si del gobernáis acompañado,
       aseguráis la paz de vuestro estado.
       Que si, como decís, Febo quisiera,
       que mandase guardar vuestro estatuto,
       las leyes que él dio a Esparta, no dijera,
       que le pidáis el árbol, sino el fruto:
       el árbol dijo, y si esto se pondera,
       del mismo causador es atributo,
       y de Licurgo mismo la persona,
       la oliva vendrá a ser desta corona.

Rey      Yo quedo de las dudas satisfecho;
       vos habéis sus misterios penetrado.

Severo    Lo que mandastes, gran señor, he hecho;
       mi explicación pedistes, yo la he dado;
       mas no, por esto presumió mi pecho
       mejor que vos haberlo interpretado;
       que aunque en hacerlo os aya obedecido,
       a vuestro parecer estoy rendido.

Rey      Si os sujetáis a mí como discreto,
       porque soy vuestro Rey, Severo amigo;
       a vuestro parecer yo me sujeto,
       que de vuestra prudencia soy testigo;

sin duda es ese el celestial decreto,
y a su precisa ejecución me obligo;
solo ya resta agora saber, donde
esa oliva de paz la tierra esconde.

Severo     Tu venturoso Reino es, quien merece igual
igual tesoro, si verdad pregona
alguna vez la fama, y enriquece
tan estimable piedra tu corona:
pero mudado el nombre, le oscurece
villano traje la real persona,
que graves causas de piadoso celo
tanto le ocultan a su patrio suelo.

Rey     Pues si con otro nombre en traje rudo
su luz eclipsa, en ásperas montañas,
¿quién le hallará?

Severo     La humana industria pudo
vencer dificultades más extrañas.

Rey     Ya con la vuestra conseguir no dudo
más altas y difíciles hazañas.

Severo     Mi ingenio, si gustáis, no dificulta
desvanecer la nube que le oculta.

Rey     De los servicios grandes que habéis hecho,
Severo noble, a mi Real Corona,
este será el mayor.

Severo     En su provecho
del clima helado a la abrasada Zona
no hay conquista imposible, que mi pecho

|  |  |
|---|---|
|  | no se atreva a emprender, vuestra persona mil lustros viva, que al momento parto a obedecer al Dios del cielo cuarto. |
| Rey | Partid, y para gastos del camino, lo que queráis, pedid al Tesorero. |
| Severo | Júpiter os prospere. |

(Vanse.)

| Palante | Yo imagino que ha trazado esta ausencia de Severo en favor de tus ansias tu destino, que sin su amparo fácilmente espero que de su hija goces. |
|---|---|
| Rey | Ay, Palante, amado espero, y desespero amante. |

(Vase.)

(Salen por una puerta Teón y criados con Menga, y por otra Coridon con una olla.)

| Coridon | ¡Menga, a Menga, que embebida le está escuchando!, ¡yo vea casado, prega a los cielos, a quien me casó con ella. cuando os traigo la comida con tanto amor, que pudiera obligar a un duro mármol!, ¿me estáis vos haciendo ofensa? Ea, desta vez la abraza: |
|---|---|

|  |  |
|---|---|
| | voto a tal, sino tuviera |
| | embarazadas las manos. |
| Teón | No tiene el mundo riquezas, |
| | si es que tesoros codicias, |
| | que a tu hermosura no ofrezca. |
| Coridon (Aparte.) | (Él habla, y ella le escucha: |
| | concertada está la fiesta.) |
| Teón | Dame los brazos, serrana. |
| Coridon (Aparte.) | (Si llega a brazos con ella, |
| | mi mujer caerá debajo, |
| | que tiene muy pocas fuerzas.) |
| Mengua | Ved que vendrá mi marido. |
| Coridon (Aparte.) | (Ay que la abraza.) |
| Teón | No temas. |
| Coridon (Aparte.) | (Mas que he de quebrar la olla, |
| | Menga, si tanto me aprietas. |
| | Tengo de ver en que para; |
| | la mano le toma, y Menga |
| | lo sufre, quiebro la olla; |
| (Arroja la olla.) | por Dios que no ha de comella; |
| | mas he de ver en qué para: |
| | a su aposento la lleva; |
| | no puede parar en bien: |
| | Lacón, Lacón.) |

(Sale Licurgo de villano.)

| | |
|---|---|
| Licurgo | ¿Qué voceas? |
| Coridon | favor, que achaques de ciervo<br>me amenazan la cabeza. |
| Licurgo | Pues ¿cómo? |
| Coridon | Ese pasajero<br>a mi mujer me requiebra. |
| Licurgo | Si tú, que eres su marido,<br>no lo estorbas, ¿cómo intentas<br>que yo me encargue de hacerlo? |
| Coridon | Yo soy, Lacón, una bestia,<br>y no hacen caso de mí. |
| Licurgo | Tú eres su marido, llega;<br>que siéndolo, bastará<br>a estorballo tu presencia. |
| Coridon | Pues venid vos a ayudarme. |
| Licurgo | Yo iré contigo, no temas,<br>que la razón te acompaña. |
| Coridon | A mujer. |
| Criado I | Villano, espera. |
| Menga | Este es mi esposo. |
| Teón | Yo haré |

|            | que mi gente le entretenga: |
|            | detened ese villano. |

Criado 1     Están haciendo la cuenta
             para pagar la posada,
             no estorbéis.

Coridon      ¿Y para hacerla estorbo?

Criado 1                            Sí.

Coridon      Pues errarse
             querrán contra mí en la cuenta.
             Mire, señor, de cebada.

Teón         Villano, aparta.

Coridon                      Esta hacienda
             está a mi cargo, y yo soy
             quien ha de dar cuenta della.

Teón         Echalde a palos.

Coridon                      ¿Que me echen
             a palos? ¿Qué tierra es esta?

Criado 1     Esto es palos.

(Aporréanlo.)

Coridon                      Ay de mí;
             palos es muy mala tierra.

Licurgo      Tened, no le maltratéis,

                    tras hacerle tanta ofensa:
                    que no es justo castigar
                    en él vuestra culpa mesma.

Criado I           ¿Este villano está loco?

Criado II          Morir sin duda desea.

Criado I           No conoce de Teón
                    la cólera y la fiereza.

Criado II          Presto probará sus manos,
                    si prosigue lo que intenta.

Licurgo            ¿De qué tirano cruel,
                    de qué bárbaro se cuenta,
                    que a los ojos del marido
                    emprenda cosas tan feas?

Teón              ¿No veis que puesto en razón
                    es el villano?

Licurgo                   A las fieras
                    oprime su fuerte yugo.

Teón              Sin duda enojarme intentas.

Licurgo           Yo, lo que es justo pretendo.

(Da Teón un bofetón a Licurgo.)

Teón              Pues, villano, aunque lo sea,
                    ni te opongas a mi gusto,
                    ni a mi grandeza te atrevas.

(Quítale a Coridon el bastón, y riñen, y retíranse Teón y sus criados.)

Licurgo
  Coridon, dame ese tronco,
  que con él verá esta sierra
  la venganza deste agravio
  con sangre escrita en sus peñas.

Menga
  Ay de mí, ¿qué puedo hacer?

Coridon
  Buena la habéis hecho, Menga.

Criado I
  Tente, villano,

Teón
  ¿Qué hacéis? matalde.

Coridon
  Aquí de la aldea:
  acudid todos, mancebos;
  que a mí para las pendencias,
  desde que quebré la olla,
  se me han quebrado las fuerzas.

Criado I
  Libra, señor, tu persona,
  que el número se acrecienta
  de villanos.

Teón
    Mientras subo
  a caballo, su violencia
  resistid.

(Vase.)

Licurgo
(Dentro.)
  ¿Huyes, cobarde?
  mueran los criados, mueran.

Licurgo          No mueran, tened, amigos,
                 que no es justo que padezcan
                 del delito de su dueño
                 ellos sin culpa la pena:
                 antes pues por él sus vidas
                 como leales arriesgan,
                 merecen premio, y a mí
                 me obligan a su defensa:
                 id en paz; y porque acaso
                 los mancebos de esa aldea,
                 que alborotados concurren,
                 ni os impidan ni os ofendan,
                 os acompañe Danteo.

Criado I         Estatuas merece eternas
                 tal prudencia en ofendido,
                 y en villano tal nobleza.

(Vanse los criados. Aparte a Danteo.)

Licurgo          Danteo, escucha, al descuido
                 con disimulo y cautela,
                 del nombre te has de informar,
                 del que me hizo esta ofensa:
                 que yo no se lo pregunto,
                 porque con eso les diera
                 recelos de mi venganza,
                 y de mi intento sospechas.

Danteo           No volveré sin saberlo.

(Vase.)

Coridon  Por Dios, Lacón, gran paciencia
habéis tenido, en quitarnos
de las manos esta presa.

Licurgo  Si se escapó el ofensor,
venganza fuera de bestia
quebrar la furia en la capa.

Coridon  Antes fuera justa empresa,
pues hacerme quiso Toro,
que yo en vengarme lo fuera.

(Vanse, y salen Severo con gabán, y Telemo.)

Severo  En este desierto prado,
ciudad de plantas y flores,
hoy todos los labradores,
según he sido informado,
de las vecinas aldeas
concurren a celebrar
fiestas, que del luminar
más claro llaman Febeas.

Telamon (Aparte.)  (Ya bajan mil por el monte.)

Severo  Hoy goza buena ocasión
mi artificiosa invención,
si es por dicha este Horizonte
el depositario mudo
del sabio Licurgo: atiende,
Telemo.

Telamon  ¿Qué mandas?

Severo          Tiende
                en este desierto rudo
                todas mis mercaderías.

Telamon         ¡El juicio he de perder,
                que ayas dado en mercader
                tú, que este Reino regías!

Severo          Cuando consiga el efeto,
                aprobaras la mudanza,
                y en tanto que no se alcanza,
                obedece, y ten secreto.

(Hacen dentro ruido de baile de villanos.)

Telamon         ¿Que regocijados vienen
                los villanos?

Severo                        Dan al día
                holocaustos de alegría.

Telamon         El seso en las plantas tienen.

Severo          Débenle de celebrar
                también sus fiestas a Baco.

Telamon         Mientras yo la tienda saco,
                puedes tú verlos bailar.

(Salen villanos, y Licurgo, y Coridon, y músicos cantando al son del villano, y bailando; entretanto tiende Telemo en el Teatro varias cosas, y espadas, y guitarras, y libros, y vestidos, y lo de más que se nombra adelante.)

Música          Sacrificios soberanos

|  |  |
|---|---|
| | dan a Febo los Serranos: |
| | hoy las humildes aldeas |
| | celebran glorias Febeas; |
| | dando al Dios qué luz envía, |
| | por un año solo un día: |
| | y de millares de frutos, |
| | voluntades por tributos, |
| | por los bienes recibidos, |
| | devotos y agradecidos, |
| | los Serranos hoy le dan |
| | sacrificios a Titán. |
| Licurgo | ¿Tú no bailas? ¿Qué tristeza, Coridon, la tuya es? |
| Coridon | Para menear los pies, pesa mucho la cabeza. |
| Licurgo | ¿Al fin se desapreció tu mujer? |
| Coridon | Sí, desde el día que el Cortesano quería (ya entendéis) se me escondió: pero tras este pesar otro, Lacón, muy mayor me aflige. |
| Licurgo | ¿Y es? |
| Coridon | Un temor. |
| Licurgo | ¿De qué? |

| | |
|---|---|
| Coridon | De que la he de hallar. |
| Lidoro | Hora es ya de comenzar<br>las pitias, fiestas, y juegos:<br>fuertes valerosos Griegos,<br>¿hay quién me apueste a luchar? |
| Coridon | Luchemos los dos, Lidoro. |
| Lidoro | ¿Yo con vos? guarda. |
| Coridon | ¿Teméis? |
| Lidoro | Sí, Coridon, que tenéis<br>tanta fuerza como un toro. |
| Coridon | Y si es pulla, que no valga,<br>mal haya quien me casó. |
| Bato | A correr apuesto yo,<br>si alguno se atreve, salga. |
| Coridon | Quien se atreva, ahí en el prado<br>corramos, Bato, los dos. |
| (Bato.) | |
| Bato | No, con vos no, porque vos<br>correréis como un venado. |
| Coridon | ¿Otra vara? ¿Mas que tienda<br>es esta de varias cosas? |
| Severo | Baratas son y curiosas. |

Coridon
   ¡Quién tuviera mucha hacienda
   para comprallas!

(Sale Danteo.)

Licurgo
   Danteo,
   en buen hora ayas venido.

(Aparte a Licurgo.)

Danteo
    A tu ofensor he seguido,
   más fue vano mi deseo.
   Recatáronse de mí
   de suerte, que en tres jornadas,
   ni en caminos ni posadas
   nombrarle jamás oí:
   volverme al fin me mandó:
   pero ya que su recato
   me ocultó el nombre, un retrato
   de una dama preemitió
   su descuido a mi deseo
   guardarle, que puede ser
   que contigo venga a hacer
   lo que el hijo con Teseo:
   por dicha será instrumento
   para salir desta duda.

Licurgo
    Con el tiempo y con su ayuda
   espero lograr mi intento.
   Pagárame el bofetón
   aquella mano atrevida,
   que el cielo me dará vida,
   y mi cuidado ocasión.

| | |
|---|---|
| Coridon | En mi vida me agradó
cosa, como este vestido,
mas si Menga se me ha ido,
¿para qué le quiero yo? |
| Bato | A un manso darle podrá
esta esquila presunción. |
| Lidoro | Compralda vos, Coridon. |
| Coridon | ¿Otra vara? bueno va. |

(Vanse Bato, Lidoro, y Coridon.)

| | |
|---|---|
| Música | Sacrificios soberanos
dan a Febo los Serranos. |

(Vanse.)

| | |
|---|---|
| Licurgo | Agora quiero llegarme,
que está solo el mercader,
que espada habré menester
pues que trato de vengarme, |
| Danteo | Compra también para mí. |
| Licurgo | Viejo honrado, el claro Febo
os guarde. |
| Severo | Y a vos, mancebo,
¿a qué os inclináis aquí?
algo comprad. |

(Toma una espada y tiéntala.)

Licurgo     Eso quiero,
            paréceme que esta espada
            está bien aderezada,
            y mal templado el acero.

Severo      Pues ved esta, que al Dios Marte
            adornar pudiera el lado.

(Toma otra y tiéntala.)

Licurgo (Aparte.)     (Pudiera, a no estar pasado.)

Severo      No sois bisoño en el arte,
            no os contentará ninguna.

Licurgo     Con todo pienso comprar
            estas dos, ¿qué os he de dar?

Severo      Costaros ha cada una
            seis monedas.

(Dale dineros y las espadas a Danteo.)

Licurgo     Porque veo
            que os pusistes en razón,
            no os replico, tú al mesón
            las lleva al punto, Danteo:
            escóndelas, nadie vea
            la premención, hasta ver
            el efeto.

Danteo      Así ha de hacer,

|  |  |
|---|---|
|  | el que vengarse desea. |
| (Vase.) | |
| Severo | Ved si queréis otra cosa. |
| (Mira libros.) | |
| Licurgo | ¿Estos libros de quién son? |
| Severo | Las leyes, con que Solón<br>a Atenas hizo dichosa,<br>son estas. |
| Licurgo | A no haber sido<br>el Reino con el ingrato,<br>en favor de Pisístrato,<br>ambicioso y presumido,<br>fuera más dichosa Atenas. |
| Severo | Él fue sin ajeno agravio,<br>el Legislador más sabio. |
| Licurgo | Ligeramente condenas<br>los demás, y es imprudencia. |
| Severo (Aparte.) | (Parece que lo ha sentido;<br>pues decid, ¿quién le ha podido<br>hacer jamás competencia?<br>que Licurgo puede ser<br>estrella en comparación<br>del claro Sol de Solón.) |
| Licurgo | ¡Qué arrojado mercader! |

                    más sabréis de mercancías
                    que de leyes.

**Severo**                    Imprudente
fuera, en fundar solamente
en mi opinión mis porfías;
a muchos sabios he oído
asentar esto por llano;
y dicen más: que tirano
Licurgo a su patria ha sido,
en las leyes que le dio,
los efetos lo probaron,
pues apenas las juraron,
cuando de su patria huyó;
porque no le compelieran
a derogallas, y es cierto
que no se hubiera encubierto,
si justas sus leyes fueran.

**Licurgo (Aparte.)**    (Quien tal piensa, se ha engañado,
a cólera me ha movido.)

**Severo (Aparte.)**    (¿El color habéis perdido?,
¿la ira os ha demudado,
cuando injurias escucháis
de Licurgo? y ¡con pasión
natural inclinación
a letras y armas mostráis!
hallé a Licurgo, vencí,
logré mi intención: que mal
puede la sangre Real
no dar resplandor de sí;
ya el encubrirme es en vano:
¿conocéis esta medalla?)

(Muéstrale la medalla del pecho.)

Licurgo            Conocella y respetalla
por su dueño soberano
es fuerza, y a vos por ella.

Severo            Puesto que debéis saber
que es ley el obedecer
a quien mereció traella,
venid al punto conmigo.

Licurgo            ¿Dónde me queréis llevar?

Severo (Aparte.)     (El Rey de Creta a llamar
os envía, su orden sigo.)

Licurgo            ¡Dioses, si me ha conocido!
el viejo es Ulises Griego,
la propia pasión el fuego
de su brío, y haber caído
no es mucho en descuido tal:
¿Que quién prevenir pudiera
tal cautela? ¿Quién creyera
que en el grosero sayal
viniera encubierto así
el engaño cortesano?
El resistir es en vano;
más negaré, pues de mí
no tiene ciertos indicios:
¿qué puede querer, señor,
el Rey a un vil Labrador?

Severo            Secretos son los juicios

|  |  |
|---|---|
|  | de los Reyes; vos callad, y obedeced. |
| Licurgo | Justa ley es la voluntad del Rey: ya le obedezco, guiad. |
| Telamon | ¿Esto solo ha pretendido tu disfraz? |
| Severo (Aparte.) | (Sí, hasta que esté en la Corte, encubriré el haberle conocido.) |

(Vanse.)

(Salen Diana, y Marcela.)

|  |  |
|---|---|
| Marcela | A la mitad ha llegado de su curso tenebroso la noche negra, al reposo rinde, Diana, el cuidado. |
| Diana | Hasta que venga mi hermano Polidoro, estando ausente mi padre, no es conveniente entregarme al sueño vano. |
| Marcela | El Rey le llamó, y ya ves que las cosas de palacio, como son graves, de espacio muevan los pesados pies. |
| Diana | Eso mismo es, mi Marcela, |

despertador del cuidado;
que a mi pecho enamorado
cualquier novedad desuela:
como por el Rey, amiga,
me abrasa el amor tirano;
haber llamado a mi hermano
a mil discursos me obliga:
y así mientras temo y dudo
entre esperanza y deseo,
no verás que de Morfeo
me entregue al silencio mudo.

(Sale Crineo.)

Crineo            Palante, señora mía,
te quiere hablar.

Diana            ¿Quién?

Crineo            Palante,
cierto recado importante
dice que con él te envía
tu hermano; ¿abrirele?

Diana            Aguarda,
que estando mi padre ausente,
y mis hermanos, decente
no será.

Marcela            ¿Qué te acobarda?

Diana            Mi justo recato.

Marcela            Es vano,

|  | que salvo conducto tiene
el mensajero, que viene
con licencia de tu hermano. |
|---|---|
| Diana | Bien dices; abrir le puedes. |
| Marcela | A la mujer, que es honrada,
no la tienen tan guardada
inexpugnables paredes,
como su propio valor:
viviendo tú como debes,
nunca de escrúpulos leves
temas ofensa en tu honor. |

(Salen el Rey, y Palante de noche.)

| Rey | Sola con su prima está. |
|---|---|
| Palante | Bien tu dicha lo ha dispuesto. |
| Rey | Bella Diana. |
| Diana | ¿Qué es esto? ¿Es el Rey? |
| Rey | Sí, Rey es ya,
quien de tan altos despojos
dueño se puede llamar,
y se llega a coronar
de los rayos de tus ojos. |
| Diana | ¿Quién, Palante, esperaría
de vos tal engaño? |
| Palante | Es ley |

|  |  |
|---|---|
|  | la obediencia de mi Rey. |
| Rey | Si hay culpa aquí, toda es mía. |
| Diana | Bien, recelando mi daño, resistió mi corazón; tú, prima, fuiste ocasión. |
| Marcela | ¿Quién previniera este engaño? |
| Rey | ¿Qué es esto? ¿en qué demasías se fundan estas querellas? mira, Diana, que dellas van ya naciendo las mías: cuando yo tan satisfecho, tan firme y tan confiado del amor que me has mostrado, con favores que me has hecho, me desuelo en fabricar engaños y fingimientos con que a nuestros pensamientos no impida el tiempo y lugar tu hermano, en quien descuidado en mi antecámara tengo, mientras yo, mi gloria, vengo, tan secreto y recatado a gozar de la ocasión que yo estimo y tú deseas; sino es que mudable seas, o fingida tu afición: ¿te afliges, riñes, y alteras? ¿y con desdén tan extraño te ofendes del mismo engaño, que pensé que agradecieras? |

Diana        Supremo Rey, no te espante
en mi recato este efeto;
que bien cabe en un sujeto
ser honrada y ser amante:
lo que no puede caber,
según natural razón,
en un mismo corazón,
es el amar y ofender,
Tú, pues con exceso igual
procuras mi deshonor,
o no me tienes amor,
y siendo así me está mal
arriesgar por ti mi fama;
o si tu pecho es fiel,
dos contrarios miro en él;
que a un tiempo me ofende y ama.
Y si es así, no te espante,
si ofender y amar en ti
caben, que quepan en mí
ser honrada y ser amante.

Rey          En venirte a ver, no creo
que te ofendo, antes pensaba,
señora, que te obligaba,
que si el amor es deseo
de gozarse, y mis despojos
dices que adora tu amor,
¿no es tu lisonja mayor
el presentarme a tus ojos?

Diana        No es lisonja, si con daño
de mi honor y fama ha sido;
y prueba, el haber venido

|       |                                      |
|-------|--------------------------------------|
|       | a verme con tal engaño,              |
|       | que mi ofensa conocías:              |
|       | que es muy claro que no usaras       |
|       | de cautela, si pensaras              |
|       | que en ello gusto me hacías.         |
| Rey   |    No concluye esa razón; |
|       | la mujer de amor más ciega           |
|       | quiere parecer que llega             |
|       | forzada a la ejecución.              |
|       | y así yo, que el tuyo creo,.         |
|       | por servirte, te he engañado,        |
|       | pues con eso he disculpado           |
|       | y cumplido tu deseo.                 |
|       | ¿Si amarme juran tus labios,         |
|       | y si has visto mis finezas,          |
|       | porque en vanas sutilezas            |
|       | fundas injustos agravios?            |
|       | De livianos devaneos                 |
|       | no nazcan necias venganzas,          |
|       | logremos las esperanzas              |
|       | de tan ardientes deseos;             |
|       | dame esos brazos.                    |
| Diana | Advierte.                            |
| Rey   | Que la ocasión vuela y pasa.         |
| Diana | ¿Qué eres?                           |
| Rey   | Quien por ti se abrasa.              |
| Diana | ¿Qué soy?                            |

Rey
: Quien me da la muerte;
licencia a todo me has dado,
pues que tu amor me declaras,
y si tú honesta reparas,
yo resuelvo confiado.
Y con justa causa emprendo
el fin que el amor desea,
pues aunque airada te vea,
no he de pensar que te ofendo.

Diana (Aparte.)
: (Resuelto está; ¿qué he de hacer?
tiene ocasión, tiene amor:
mas para guardar mi honor,
la industria me ha de valer.
¿Qué importa que finja enojos
y recatos de mi fama,
cuando de mi amor la llama
brotando está por los ojos?
Ciega de amante me veo,
que la mujer, que ha llegado
a declarar su cuidado,
rendida está a su deseo;
vencido está ya el honor,
postrada la honestidad:
perdone esta libertad
mi obligación a mi amor.
Mas esta resolución,
que a tal exceso me mueve,
puesto que al honor se atreve,
no aventure la opinión.
Dispongámoslo de modo
que mis criados, señor,
no entiendan mi deshonor,
porque no se pierda todo.

                    Oye, Marcela, la casa
                    con tal recato y cuidado
                    dispón, que ningún criado
                    pueda entender lo que pasa.)

Marcela          Fiarlo puedes de mí.

(Vase.)

Diana             Tú permite que un momento
                  prevenga en este aposento
                  albergue digno de ti;
                  y que asegure el secreto:
                  porque en el estar podría
                  alguna criada mía,
                  que deste amoroso efeto
                  parlero testigo sea,
                  y la quiero retirar.

Rey               Nunca pretende infamar,
                  quien como noble desea,
                  más abrevia: que es eterno
                  un punto sin tu presencia.

Diana            Los instantes de tu ausencia,
                  trueco yo a siglos de infierno.

(Vase.)

Palante          Mil veces dichoso amante,
                  quien tal bien llegó a alcanzar.

Rey               Ya ya me puedes llamar
                  dichoso, ya Rey, Palante.

(Sale Marcela.)

Marcela
  La gente está, como pudo
  pintarla vuestro deseo,
  que en las aguas del Leteo
  la baña el silencio mudo.

Rey
  Ay Marcela amiga, piensa
  que mi agradecido pecho,
  deste gusto que me has hecho,
  no halla justa recompensa.

(Sale Diana con una espada desnuda, pone la guarnición en el suelo, y la punta al pecho.)

Diana
  Escúchame, Rey, primero
  que des un paso adelante,
  sino quieres que el camino
  te impida un mar de mi sangre.

Rey
  ¿Qué es esto? di, ya te escucho.

Diana
  Del soberano linaje
  ya de dioses, ya de Reyes
  se originó el de mi padre;
  desto no hay porque te traiga
  testimonios, tú lo sabes,
  que la estimación lo prueba
  con que siempre le trataste:
  con milite de tu efigie
  le hiciste, precioso esmalte
  de tu pecho, heroica insignia
  que gozan solos tus grandes.

Hoy la plata de sus canas,
que te obedecen leales,
del oro desta corona
ornara el sagrado engaste,
si diesen puerta en su pecho,
cuando eras pequeño infante,
a tiranas ambiciones
sus invencibles lealtades.
Y no solo huyó las sienes
a las insignias reales,
más las defendió en las tuyas
tan a costa de su sangre,
y con tal valor, que en gracia
no hay región, que no pagase
mares de púrpura humana
a sus líquidos corales.
Si de su valor te olvidas,
esos despojos de Marte,
(Mira adentro.)  aunque mudos, lo pregonen,
y aunque enemigos, lo alaben;
dígalo este blanco acero,
que en mil batallas campales,
fue de Júpiter rayo,
fue de la muerte alfanje.
Y si estas memorias pierdes,
y quieren tus ceguedades
que sus pasadas vitorias
presentes premios no alcancen;
dígalo agora su ausencia,
pues por servirte, y por darle
paz a tu Reino, y cumplir
los decretos celestiales,
partió a buscar a Licurgo,
sin que estorben su viaje

de su senectud prolija
caducas debilidades.
Y cuando a su casa ilustre
deben por hazarias tales
cercar murallas de acero,
cerrar puertas de diamante;
ingrato tú las ofendes,
tirano, tú las combates,
injusto, tú las quebrantas,
y engañoso, tú las abres;
y bárbaramente opuesto
a las leyes naturales,
debiéndole tu honor,
el suyo quieres quitarle.
Que Troglodita inhumano,
Scita cruel, duro Alarbe,
que bruto habita los yermos,
que fiera los montes pace,
que ingratos al beneficio
a quien les obliga, agravien,
a quien los defiende, ofendan,
¿y a quién les da vida, maten?
Si eres Rey, guarda justicia,
si eres hombre, no quebrantes
de la razón imperiosa
el poderoso dictamen.
Si con amor te disculpas,
no fuera exceso más grave
darme la mano de esposo,
que hacer injuria a mi padre.
Y si abrasado reservas
libertad para enfrenarte,
y no ser mi esposo, siendo
conformes las calidades,

también la tendrás, si quieres
ser justo, para forzarte
a no atropellar ingrato
obligaciones tan grandes.
Que yo no te adoro menos,
y aunque es la mujer más frágil,
opongo el freno de honrada
a las espuelas de amante:
Y así, o revoca tu intento,
y sin que esa línea pases,
que de tus injustos pies
besa las extremidades,
a tu palacio te vuelve:
o verás; que al mismo instante,
que para acercarte a mí,
un movimiento señales,
sobre esta espada me arrojo,
y que a recibirte sale
mi vida, y que sacrifico
a mi honestidad mi sangre,
que ejemplo soy de matronas,
que doy a mi honor quilates,
a las historias mi nombre,
y a mi fama eternidades.

Marcela (Aparte.)   (Gran valor.)

Palante (Aparte.)   (Gran fortaleza.)

Rey (Aparte.)   (Determinación notable,
Diana hermosa.)

Diana              No tienes
que persuadirme, ausentarte

      solo ha de ser la respuesta,
      sino quieres que me mate.

Rey     ¡Pluguiera a los dioses santos,
      que pudieran quebrantarse
      los pactos, que con Atenas
      hizo la paz inviolables!
      No debes tú de ignorar,
      que cuando en fuegos Marciales,
      Creta, y Atenas ardían,
      fue condición de las paces:
      que con reciprocas suertes
      eternamente se casen,
      entre sí de los dos Reinos
      los Reyes y los Infantes.
      Conspiraran contra mí
      mis gentes, sí despertase,
      quebrantando estos conciertos,
      nuevos incendios de Marte:
      perdiera el Reino, y a ti,
      y tú a mí, y temores tales
      la mayor gloria me quitan,
      que el Dios de amor puede darme.

Diana    No tienes.
      Pues si a tu razón de estado
      atiendes tú, no te espantes
      de que yo atienda a la mía.

Rey     Sí, pero.

Diana      Tente, no pases
      adelante, o me doy muerte.

| | |
|---|---|
| Rey | Ya vuelvo atrás, no derrames
de esa caja de cristal
los animados granates.
¿A enemiga de ti misma,
tanto pueden tus crueldades?
Más que darme vida a mí,
¿quieres, ingrata, matarme?
¿Con tu muerte me amenazas?
A inhumana, que bien sabes
que de mi amor no pudiera
¡otro que mi amor guardarte!
Amor con amor pelea:
¿Quién vio más estrecho lance?
uno me manda que vivas,
y otro muere por gozarte. |
| Diana | El segundo es imposible
que su pretensión alcance;
y dar efeto al primero
es vencerte y obligarme. |
| Rey (Aparte.) | (¡Ay de mí; qué puedo hacer!
perder la ocasión, Palante,
no esperando que otra ofrezca
el cabello, es fuerte trance.) |
| Palante | Pues goza desta, y no temas,
que por más que te amenace
con su muerte, la ejecute. |
| Rey | ¿Que arriesgue me persuades,
lo que perdido una vez,
no es posible remediarse?
Temerlo no es desvarío, |

|         | pues la ves resuelta, y sabes<br>que a mujer determinada<br>cualquier imposible es fácil. |
|---------|---|
| Palante | Pues encomiéndalo al tiempo,<br>Rey eres; no han de faltarle<br>a tu poder ocasiones. |
| Rey     | Eso es forzoso. |
| Diana   | ¿Qué haces?<br>resuélvete ya: resuelve,<br>o el partirte, o el matarme. |
| Rey     | Venciste, ingrata, venciste;<br>vive, y logra tus crueldades;<br>mas no esperes otra vez<br>que tus favores me engañen:<br>Ya no soy tuyo, Diana;<br>ya ni me nombres, ni canses<br>con papeles y recados:<br>que si de amor las verdades<br>se conocen en las obras,<br>tu falsedad declaraste,<br>pues a todo lo que dices,<br>contradice lo que haces.<br>Y pues náufrago mi amor<br>del mar de tu engaño sale,<br>le darán presto otros brazos<br>dulce puerto en que descanse. |
| Diana   | Eso no; detente, espera,<br>que es eso también matarme. |

| | |
|---|---|
| Rey | ¡Porque te quiero te matas, y te mato con mudarme! |
| Diana | Como honrada te resisto, y te celo como amante. |
| Rey | ¿Luego quieres que te tenga firme amor? |
| Diana | O que me mates. |
| Rey | ¿Sin deseo, ni esperanza? |
| Diana | Solo quiero que le guardes decoro a mi honestidad. |
| Rey | ¿Cómo puede amor guardarle? ¿Permites la causa, y niegas sus efetos naturales? |
| Diana | Eso quiero que te deba la estimación de mis partes. |
| Rey | Portentos pides. |
| Diana | Amor es Dios, y milagros hace. |
| Rey | Hacerlos quiero por ti; que tus honestas crueldades, aunque me ofenden, me obligan. |
| Diana | Eso sí que es obligarme. |

| | |
|---|---|
| Rey | Tuyo seré eternamente,<br>sin que los límites pase<br>de tu honestidad mi amor. |
| Diana | En mí verás un diamante. |
| Rey | Guardente, mi bien los dioses. |
| Diana | Los dioses, mi bien te guarden. |
| Palante | Válgate Dios por mujer,<br>tan honrada como amante. |
| Marcela | Válgate Dios por galán,<br>tan firme como cobarde. |

Fin de la primera jornada

## Jornada segunda

(Salen el Rey, y Palante.)

| | |
|---|---|
| Palante | Ya para ver a Diana, con su portero Crineo he dispuesto tu deseo. |
| Rey | No hay ya resistencia humana contra tanto amor, Palante. |
| Palante | Él es mucho aventurar. |
| Rey | Mas quiere, amigo, alcanzar que vivir un, ciego amante: y si con ella me veo, yo lo trazaré de suerte; que amenazas de su muerte no me impidan mi deseo. |

(Sale Severo.)

| | |
|---|---|
| Severo | Ya, poderoso señor, los testigos que he buscado de Esparta, han certificado ser Licurgo el Labrador, y él viene ya convencido a tu presencia Real. |
| Rey | Severo, a servicio igual siempre os seré agradecido; a recibirle conmigo salid todos. |

Severo          ¿Tanto honor
quieres hacerle, señor?

Rey             Por muchas veces me obligo
a igualarle a mi persona;
sangre Real como yo
tiene: en Esparta gozó,
si yo en Creta, la corona;
y aunque un hombre humilde fuera,
por sí mismo lo merece,
porque de razón carece,
quien a un sabio no venera.

(Salen Licurgo de galán, y Danteo de galán.)

Licurgo         Vuestra Majestad me dé,
señor, su mano Real.

Rey             Como amigo, y como igual,
gran Licurgo, os la daré;
tomad asiento.

Licurgo         Yo os pido
que advirtáis que es exceder,
honrarme tanto, si a ser
vasallo vuestro he venido.

Rey             En vos, Licurgo, hasta aquí
miro un huésped, cuya mano
poseyó el cetro Espartano,
con razón os trató así:
cuando merezca la mía
que a besarla os humilléis
por vasallo, lo seréis,

        y mudaré cortesía,
        aunque no la estimación.

(Asiéntanse.)

Licurgo
        En tan verde adolescencia
        vuestra madura prudencia
        excede a la admiración.

Rey
        Ya os habrá dicho Severo
        la ocasión, que me ha obligado
        a buscaros.

Licurgo
                Informado de todo estoy.

Rey
        Pues yo espero,
        que advirtiendo que es de Apolo
        voluntad, la cumpliréis,
        y en vuestros hombros tendréis
        el gobierno deste polo,
        suponiendo que los dos
        seremos una persona;
        en mí ha de estar la corona,
        pero mi poder en vos:
        conmigo habéis de asistir;
        leyes habéis de poner,
        yo la pluma he de mover,
        vos la mano al escribir:
        así cumpliré el decreto
        de Apolo, y mi Reino en mí
        tendrá un Rey justo; y así
        erraré como discreto,
        pues es forzoso afirmar
        que es acto menos errado;

                errar, siendo aconsejado,
                que no siéndolo, acertar.

Licurgo          Señor, aunque obedeceros
                es fuerza, ya por el Dios
                que lo ordena, ya por vos
                que sois Rey, el proponeros,
                es forzoso, las urgentes
                dificultades, que veo
                opuestas a ese deseo,
                con graves inconvenientes
                que resultan.

Rey                     Ya tardáis
                en proponerlas, decid,
                que saberlas quiero.

Licurgo                 Oíd,
                pues que licencia me dais.
                Después que la Parca airada
                quitó en sus lustros primeros
                a Polidcestes mi padre
                de la fuerte mano el cetro;
                de la que hoy se llama Esparta,
                Lacedemonia otro tiempo,
                Reino que en sus territorios
                incluye el Peloponeso:
                mi hermano mayor Eunomo
                sucedió, como en el Reino,
                en la desdicha también
                de perderle en años tiernos.
                Yo ignorando que en su esposa
                dejase oculto heredero,
                de su Corona Real

presté el oro a mis cabellos:
Mas dentro de pocos meses
el póstumo Infante el cielo
al mundo dio, y yo leal
a su cabeza el Imperio.
Fui legitimo tutor
del Rey mi sobrino, haciendo
leyes, destruyendo abusos,
dando castigos y premios:
Mas como el ardiente potro
huye el no gustado freno,
o como sacude el yugo
el no domado becerro;
los vasallos que tenían
antes más libres los cuellos,
comenzaron a sentir
de la rectitud el peso.
Pero yo, que prevenido
y cauto, conocí en ellos
impulsos de conspirar
y privarme del gobierno,
con animo de poder
derogar mis justos fueros,
volviendo a su libertad,
pedí a un engaño el remedio.
Y fingiendo que en un caso
de grande importancia al Reino,
iba a Pytia a consultar
el Oráculo de Febo;
les pedí que me jurasen
guardar mis justos decretos,
hasta que al suelo de Esparta
volviese del sacro Templo.
Que entonces les prometía

hacer estatutos nuevos,
y moderar a su gusto
los rigurosos derechos,
Ellos, que la brevedad
consideraron del tiempo,
y del caso a que partía,
juzgaron grande el provecho;
fácilmente persuadidos
lo juraron, y con esto
me partí, y llegando a Pytia,
consultando el Dios de Delos;
me respondió, que eran justas
mis leyes, y solo el tiempo
que durasen, duraría
la tranquilidad del Reino.
Yo atento al bien de mi patria,
porque no salga, volviendo,
de la obligación precisa
que le puso el juramento:
determiné no volver
a verla jamás, haciendo
con mi eterna ausencia en ella
mis estatutos eternos.
Esto me obligó a mudar
el nombre, el traje y el suelo,
y habitar en una aldea,
para vivir más secreto.
Estos, señor, son mis casos;
ya habréis entendido dellos,
cuan graves inconvenientes
resultan de obedeceros.
Cuidadosos los de Esparta
me buscan ya con intento
de vengarse del engaño,

que los tiene tan opresos,
ya con ansia de cumplir
el solícito deseo
de derogar mis sanciones,
sin romper su juramento:
Si en Creta os sirvo, es forzoso
que en acelerado vuelo
las nuevas lleve la fama
a los Espartanos pueblos:
sabiéndolo, han de pediros
que me entreguéis, y el hacerlo
en vos fuera gran bajeza,
y gran destrucción en ellos:
no hacerlo ha de desnudar
la espada a Marte sangriento;
porque han de intentar las armas
lo que no alcancen los ruegos.
Y así de lo que intentáis
para la paz deste Imperio,
ha de resultar la guerra
del Espartano y el vuestro:
¿Fuera desto, si mi patria
lleva tan mal mis decretos,
como sufrirá la vuestra
las leyes de un extranjero?
Porque los vasallos quieren
Rey activo, no supuesto;
y siempre les es odioso
Legislador forastero.
Y si los inconvenientes
que mi lengua os ha propuesto,
son tan graves, los que faltan,
no me atemorizan menos:
que es bien que sepáis, señor,

si los futuros sucesos
alcanza por las estrellas
el humano entendimiento,
que pronostican las mías
que he de verme en tanto aprieto
con un Rey; que yo a las suyas,
o él quede a mis manos muerto.
En esto mismo conforman
mil Astrólogos, que han hecho
recto examen de su influjo
en mi triste nacimiento:
que esto me obligó también
a que en el campo desierto
de las Cortes habitase,
y de los Reyes tan lejos.
Ved pues si será cordura
ponernos, señor, a riesgo
de que en los dos ejecuten
esta amenaza los cielos.
Ved cuantas dificultades
contradicen vuestro intento;
temeldas pues sois humano,
y evitaldas, pues sois cuerdo:
que puesto que vos sois Rey,
y yo el que ha de obedeceros;
a mí toca el dar avisos,
y a vos el dar mandamientos:
a mí proponer los daños;
a vos poner los remedios;
a mí toca el advertiros,
y a vos toca el resolveros.

Rey    Honor de Lacedemonia,
       los inconvenientes veo

que proponéis, mas a todos
opongo el heroico pecho.
Si los de Esparta intentaren
cobraros, yo defenderos;
que contra sus fuertes armas
valor y soldados tengo:
ni temo que por la paz
que alcanzar por vos pretendo,
como decís, me amenace
la guerra de entrambos Reinos:
que Febo lo ordena, y sabe
lo que importa; y por lo menos
es cierto este bien presente,
y ese mal futuro incierto.
Que mis vasallos rehúsen
de un hombre extraño el gobierno,
no importa, pues es mi mano
la que ha de tener el freno.
Los Astrólogos juicios,
ni los estimo ni temo;
que siempre he juzgado yo
ilusorios sus agüeros.
Y cuando la ciencia alcance
alguna evidencia en ellos,
a la razón justamente
doy más poderoso Imperio:
que ni vuestra virtud puede
mover contra vos mi acero,
ni contra mí en vuestra sangre
caber traidor pensamiento.
Y cuando vuestras estrellas
os inclinasen a efetos
tan injustos, vos sois sabio,
y el que ha merecido serlo,

                es dueño de las estrellas;
                y así con razón resuelvo
                que sus más fuertes influjos
                os están a vos sujetos.
                Y en resolución Apolo,
                cuya ciencia, cuyo cetro,
                preconociendo gobierna
                lo presente y venidero;
                así la paz me promete;
                yo le obedezco, y le dejo,
                pues él gobierna las causas,
                a su cuenta los efetos.

Licurgo            Escuchándoos, he quedado
                con justa causa suspenso,
                de que a mí me elija Apolo,
                para que a vos dé consejos,
                que según prudente os miro,
                que os eligiera os prometo,
                si trocáramos estados,
                para gobernar mi Reino:
                y aunque a daños más enormes
                me arriesgara, ya los trueco
                gustosamente a la dicha
                de servir a un Rey tan cuerdo.
(Levántase.)      Dadme la mano, pondrela
                en mis labios, porque en ellos
                la señal dichosa imprima
                de leal vasallo vuestro.

(Arrodillase Licurgo.)

Rey                Yo os la doy, a mi fortuna
                tan obligado, que pienso

                que tomo agora con ella
                posesión del mundo entero.

Licurgo        Yo os juro por cuantos dioses
                desde el Empíreo al Averno

(Bésale la mano, y levántase, y queda en pie y descubierto.)

                rigen, de seros vasallo
                leal, firme, y verdadero.

Rey              Agora de la fortuna
                un clavo a la rueda he puesto:
                agora a Creta le he dado
                firme paz y nombre eterno.
                Gobernador general
                os hago, y en vos delego
                toda la soberanía,
                que yo en mis vasallos tengo.
                Derogad costumbres, usos,
                ordenanzas, y decretos:
                juzgad causas, haced leyes,
                dad castigos, y dad premios.
                Y para daros en Creta
                la mayor honra que puedo;
                con milite de mi efigie
                quiero, gran Licurgo, haceros:
                dadme una medalla.

Licurgo                    Honráis,
                como quien sois, a los vuestros.

(Sacan en una salvilla una medalla como la del Rey y Severo, con su colonia, tómala el Rey, y arrodillase Licurgo.)

**Rey**

Con tal varón la malicia
de Creta ilustrar pretendo;
tres calidades publica
esta señal en el pecho;
sangre que goce de Reyes
el heroico parentesco,
puro honor, cuyo cristal
no haya enturbiado el aliento;
y servicios, que hayan sido
en utilidad del Reino:
esta da jurisdicción,
da autoridad y respeto,
y da superioridad
en los nobles y plebeyos.
Mas advertid, que es preciso
estatuto, que en sabiendo
de los meritos la sangre,
o el honor algún defeto,
o en incurriendo en infamia,
o en caso de valer menos,
con escarmiento afrentoso
os lo han de quitar del pecho.
Esto supuesto, la efigie
recibid.

**Licurgo**

Señor, teneos;
que según los institutos
que referís, no merezco
la insignia, pues hasta agora
ningún servicio os he hecho:
y no es bien, si a administrar
vengo justicia, que el premio
no merecido alcanzando,

                la quebrante yo el primero.

**Rey**               Haber querido servirme;
                es hazaña, que agradezco,
                más que si por vos ganara
                con una vitoria un Reino.

**Licurgo**          Solo os he dado hasta aquí
                un vasallo en mí, y ya dello,
                con el Rey que en vos me dais,
                premiado estoy con exceso.
                La estimación que de mí
                hacéis vos, no es para el pueblo
                satisfacción, ni por ella
                prueba a mis merecimientos:
                que habrán en Creta mil nobles
                dado a Marciales aceros
                propia y enemiga sangre,
                sin alcanzar este premio.
                Y no es bien cuando intentamos
                ganar el común afecto,
                que yo por vos cause envidias,
                y vos por mí sentimientos.
                Y así es fuerza suplicaros
                que suspendáis este intento,
                hasta que yo justifique
                a su ejecución los medios.

**Rey**               Mi voluntad, como en todo,
                también os resigno en esto;
*(Deja el Rey la medalla.)* que pues por sabio os conozco,
                son leyes vuestros consejos.

**Licurgo** *(Aparte.)*    (Hasta que la mano corte,

                    que dejó en mi rostro impreso
                    mi agravio, no ha de adornar
                    tan alta insignia mi pecho.)

Rey                     Empezad pues a ejercer
(Dale una sortija.) la potestad que os cometo;
                    este es mi sello real,
                    por él han de obedeceros.
                    Cuatro cosas de mi parte
                    os encargo: lo primero,
                    que de darme desengaños
                    no os acobarde el respeto.
                    Lo segundo, que no tengan
                    excepción ni privilegio,
                    para vivir libremente
                    mis criados ni mis deudos.
                    Lo tercero, que a mujeres
                    en sus flaquezas y yertos,
                    y más si fueren casadas,
                    miréis con piadoso pecho.
                    Lo cuarto, que a los ministros
                    de justicia tan severo
                    castiguéis, que den al mundo
                    universal escarmiento:
                    Porque de todos estados
                    públicos suplicios veo,
                    y deste jamás lo he visto;
                    y persuadirme no puedo
                    que dello la causa sea
                    ser todos justos y rectos
                    mas que o ya en los superiores
                    engendra, y el tratar con ellos
                    amistad, y disimulan
                    con la afición sus excesos,

|         | o ellos también son injustos, |
|---------|-------------------------------|
|         | y con recíprocos miedos,      |
|         | porque callen sus delitos,    |
|         | no castigan los ajenos.       |

Licurgo      Lo que me encargáis, señor,
cumpliré.

Rey      Empezad con esto
a mandar, que vos sois Rey,
y yo fui privado vuestro.

(Vanse Palante y Severo.)

Danteo      ¿En fin no eres ya Lacón,
sino Licurgo?

Licurgo      Yo soy
ya Licurgo, y tú desde hoy
vuelves a ser Telamon.

Danteo      ¿Puedote dar para bien
de tan súbita privanza?

Licurgo      Ay de mí, que esta mudanza,
amigo, no es para bien.

Danteo      ¿Aún amas la soledad?

Licurgo      Mayor pena me importuna;
y pues en cualquier fortuna
me fue firme tu amistad,
no es exceso que te cuente,
Telamon, mis nuevos males;

      que si bien pasiones tales
      debe encubrir el prudente:
      ¿Si ellas me vencen, verás,
      que las tuve, en su vitoria,
      si las venzo, de la gloria
      dello testigo serás.
      ¿Conoces este retrato?

(Muéstrale un retrato.)

Danteo     Este es el mismo, señor,
      que llevaba tu ofensor.

Licurgo     Pues por este llamo ingrato
      al tiempo, este es de mi mal
      la nueva ocasión cruel.

Danteo     ¿Cómo?

Licurgo       ¿Conoces por él
      su divino original?

Danteo     Paréceme.

Licurgo       ¿Cómo dudas
      en conocer que es Diana,
      la que da luz soberana
      y lengua a estas sombras mudas?

Danteo     Digo, señor, que es así,
      mas vive tan retirada,
      tan secreta y recatada,
      que sola una vez la vi,
      aunque te hospeda en su casa.

| | |
|---|---|
| Licurgo | Ella pues es la ocasión, que con nueva confusión ya me hiela, y ya me abrasa. |
| Danteo | ¿Qué me dices? que a tu labio niega crédito el oído: ¿tú enamorado? |
| Licurgo | Perdido. |
| Danteo | ¿Pues de que sirve ser sabio, sino vence tu cordura esa pasión que te ciega? |
| Licurgo | Ay, Telamon, cuando llega la pasión a ser locura, pierdo su Imperio el saber, que falta al entendimiento la razón, y no está exento el sabio de enloquecer. Mira cuál es la mudanza de mi estado, que mi honor oprime de mi ofensor la no alcanzada venganza. Y no contentos los cielos de que me aflija a mí injuria, a mi corazón la furia añade de amor y celos. De la que adoro, el retrato llevaba, el que me ha ofendido, señal de que no le ha sido el original ingrato. ¡Juzga pues cuál estará |

                 un noble pecho agraviado,
                 celoso y enamorado!
                 ¡Qué bien a Creta dará
                 leyes justas, quien sujeto
                 vive a tan fuertes pasiones!

Danteo          Sí, mas tales ocasiones
                 son el toque, de un discreto.
                 Y advierte que yo imagino
                 que esto que así te entristece,
                 es en lo que favorece
                 mas tu intención el destino.
                 Pues con esto te mostró
                 senda conocida y llana,
                 para saber de Diana,
                 quién es el que te ofendió.

Licurgo         Sí, mas ese medio piensa
                 que puede dañarme a mí,
                 pues Diana podrá así
                 venir a saber mi ofensa:
                 y no será acuerdo sabio
                 intentarlo, porque quiero
                 que se publique primero
                 la venganza que el agravio:
                 de más de que será error
                 mis deseos declarar,
                 hasta saber que lugar
                 goza en ella mi ofensor:
                 pero ya mi pensamiento
                 halló un remedio.

Danteo                    ¿Qué cosa
                 puede haber dificultosa

                        a tu claro entendimiento?

Licurgo              La venganza que deseo
                     alcanzaré, y de Diana
                     la belleza soberana
                     será de mi amor trofeo.
                     Si por tales casos voy
                     precipitado a la muerte,
                     yo no voy, no, que mi suerte
                     es de quien forzado soy.
                     Y si della violentados
                     mis pies dan erradas huellas,
                     vencer puede las estrellas
                     el sabio, mas no los hados.

(Vanse.)

(Salen Severo, Diana, Marcela, Severo con una carta.)

Severo               Tu hermano me escribe aquí
                     que el retrato que llevó
                     tuyo, Diana, perdió
                     en el camino; y así
                     para que pueda tratar
                     tu casamiento, es forzoso
                     que de tu trasunto hermoso
                     el pincel se vuelva a honrar.

Diana                Manda avisar al pintor.

Severo               Ruego a los dioses que del
                     haga el oficio el pincel
                     mas que de Apeles de amor.

(Vase.)

Diana
    Y yo que me pinte fea,
    pues por otro amante muero;
    y será el pintor primero,
    que agraciando lisonjea.
    ¿Qué dices, Marcela mía,
    de mi desdicha?

Marcela
                Ay de mí.

Diana
    ¿No respondes, prima? di,
    ¿qué fiera melancolía
    te aflige? ¿A mí la pasión
    me ocultas, que te lastima?
    ¿De cuándo acá no es tu prima
    dueño de tu corazón?

Marcela
    Ay, Diana, que ya es tal
    el incendio que hay en mí:
    que al mundo, no solo a ti
    será notorio mi mal.
    Nunca hubiera la invención
    de tu padre hallado medio
    de traer en el remedio
    de Creta mi perdición.
    Este Licurgo prudente,
    este, cuyo nombre y fama
    halló ya con lenta llama
    dispuesto mi pecho ardiente:
    tan del todo me ha rendido
    con la vista, que me veo
    sin fuerza contra el deseo,
    sin valor para el olvido.

| | |
|---|---|
| Diana | No te aflijas, rostro hermoso, <br> talle, calidad y honor <br> tienes, con que el de tu amor <br> se tendrá por venturoso. |
| Marcela | Si la suerte es importuna, <br> no sirve, para alcanzar, <br> merecer, que en un altar <br> están amor y fortuna. <br> Si hubiera yo visto en él <br> un indicio de esperanza, <br> no quisiera más bonanza <br> en tempestad tan cruel. <br> Mas es sin fruto poner <br> mis meritos a sus ojos, <br> que o no entiende mis enojos, <br> o no los quiere entender. |
| Diana | Declárale tus pasiones. |
| Marcela | No he de incurrir en tal mengua <br> que a lo que dice tu lengua, <br> contradicen tus acciones. <br> Yo te he visto enamorada, <br> tan recatada, que fuera, <br> aunque por mí no lo hiciera, <br> por ti sola recatada: <br> callando el mal que padezco, <br> me pienso, prima, vencer, <br> contenta solo con ver, <br> lo que alcanzar no merezco. <br> Y así aumenta mis enojos; <br> saber que se ha de mudar |

                hoy a Palacio, y privar
                de su presencia mis ojos:
                mas él viene.

Diana                       Si tú quieres,
                yo le diré tu dolor.

Marcela         Tú sabes bien del amor
                el Imperio en las mujeres.
                Yo te he declarado ya
                mis amorosas fatigas,
                no pido que se las digas,
                pero no me pesará.

(Vase.)

(Sale Licurgo.)

Licurgo         De vuestro padre, Diana,
                supe que mandáis llamar
                un pintor, para ilustrar
                con vuestra luz soberana
                sus sombras, y cómo gana
                tanto en ello la color,
                pincel y mano, el pintor
                indignamente dichoso
                ha hallado en mí un envidioso
                de tal bien competidor.
                Y así traigo permisión
                de Severo, para ser
                yo, quien merezca ofender
                esa rara perfección:
                que si en vuestra formación
                excedió naturaleza,

|  |  |
|---|---|
| | su poder y su destreza, |
| | ni ella misma se igualara. |
| Marcela (Al paño.) | (Cuando a la vuestra intentara |
| | igualar otra belleza.) |
| Marcela (Aparte.) | (¡No fuera yo tan dichosa, |
| | que esto me dijera a mí! |
| | ¡Apenas amante fui, |
| | cuando empiezo a estar celosa!) |
| Diana | Ya me tengo por hermosa, |
| | pues retratarme queréis: |
| | mas decidme, ¿vos sabéis |
| | el arte de la pintura? |
| Licurgo | Pronosticó mi ventura |
| | este suceso que veis: |
| | y como costumbre ha sido |
| | de las personas reales, |
| | en ejercicios iguales |
| | gastar el tiempo perdido. |
| | Yo, que de Esparta he nacido |
| | Infante, al pincel le di |
| | las horas que no perdí: |
| | pues si en ello consumiera |
| | un siglo, aun no mereciera |
| | el rato que logro aquí: |
| | y así, señora, he enviado |
| | por pinceles y colores. |
| Diana | Cuando las cosas mayores |
| | del Reino os han encargado, |
| | perderéis tiempo ocupado |

|              | en esta facción liviana. |
|---|---|
| Licurgo | Ni siempre ha de estar. Diana, tirante al arco la cuerda, ni hay tiempo, que no se pierda, |
| (Aparte.) | (sino el que con vos se gana). |

(Marcela desde el paño.)

Marcela            ¿Hay tormentos más crueles?

(Danteo con recado de pintar.)

Danteo            Como mandaste, señor,
he traído de un pintor
las colores y pinceles.

Licurgo            Si de Timantes, y Apeles
Protogenes, y Aceseo
los trajeras, aquí creo
que no osaran linear,
porque aun no puede igualar
a la verdad el deseo.

Danteo
(Aparte a Licurgo.)     Ya te has puesto en la estacada,
¿qué intentas? ¿Cómo saldrás
dello airoso, si jamás
has dado una pincelada?

Licurgo            La invención tengo pensada,
hoy pretendo averiguar
quien me ofendió, y quien llevar
su retrato mereció:

                y pues que le tengo yo,
                con él la pienso engañar.
                Tomad asiento, Diana,
                y un rato prestad paciencia,
                y a la vista la licencia
                que por el oficio gana:
                y pues de tan soberana
                hermosura al resplandor
                me atrevo, diré mejor.
                si en vos miro un Sol divino,
                que de águila me examino,
                mucho más que de pintor.

Diana              Ya, Licurgo, poco fiel
                mi retrato considero,
                si ha de ser tan lisonjero,
                como la lengua, el pincel.

Licurgo           Antes yo cuando con él
                emprendo tan gran locura,
(Asiéntanse.)   porque de beldad tan pura
                mejor dibuje los rayos,
                doy primero estos ensayos
                con la voz a la pintura.

Diana              Comience pues la destreza
                del pincel a bosquejar,
                que yo os lo quiero pagar,
                pintándoos otra belleza,
                a quien la naturaleza
                con perfección celestial
                ha dado desdicha tal,
                que amante vuestra procura
                que en vos haga mi pintura,

(Aparte.) (lo que no su original).

(Hace Licurgo que la retrata.)

Licurgo          Esta es sin duda Marcela,
                 en cuyos ojos he visto
                 sentimientos que resisto;
                 no la pintéis, que recela
                 mi mano, cuando os pincela,
                 ofender vuestra hermosura.
                 Que si de ajena figura
                 atiendo a la relación,
                 dará la imaginación
                 colores a la pintura.

Marcela (Aparte.)   (¿Aún este medio el amor
                    no me concede? Ay de mí;
                    quitarme quiero de aquí,
                    por no ver más mi dolor.)

(Vase.)

Diana (Aparte.)   (Cerró esta puerta el rigor,
                  ventura tiempo y lugar
                  puede Marcela aguardar,
                  que es oficio el ser tercero
                  de discretos, y no quiero
                  ser necia yo, en porfiar:
                  ¿Qué es esto? ¿En qué os suspendéis?)

(Suspéndese Licurgo.)

Licurgo          Pesaroso y ofendido
                 de no haberos advertido,

                  lo que más estimaréis;
                  aunque mujer, bien sabréis
                  que a las estrellas sujetos
                  les resultan los efetos
                  a las humanas acciones,
                  según las disposiciones
                  de sus mudables aspectos.
                  ¿Y así por más agradaros
                  yo, que sé sus movimientos,
                  saber quisiera, que intentos
                  os mueven a retrataros?
                  que puedo al dibujo daros
                  en tal signo y hora tal,
                  que obligue a quereros mal
                  solo el verlo, y en tal punto
                  que quien mirare el trasunto,
                  adore el original.

Danteo (Aparte.)     (A averiguar su intención
                  cuerdamente la ha guiado.)

Diana                  Si pudiera mi cuidado
                  declararos.

Danteo (Aparte.)         (Telamon
                  estorba en esta ocasión:
                  solos los quiero dejar.)

(Vase.)

Licurgo               Bien os podéis declarar;
                  solos estamos: y aquí
                  es hacerme ofensa a mí,
                  y daño a vos, el callar.

Diana    Siendo quien sois, mi intención,
Licurgo, fiar os puedo,
de más que me quita el miedo,
ser tan fundado en razón:
de mi padre es pretensión
darme un esposo extranjero,
que no conozco, y yo muero,
viendo que fuerza ha de ser,
a quien no he visto, querer,
y entregarme, a quien no quiero.
Mi hermano Teón partió
a efetuar el contrato
que aborrezco, y mi retrato
para este intento llevó:
escribe que le perdió
en el camino, y envía
por otro: y así querría
que en él pongáis fuerza tal,
que a no amar su original
obligue la imagen mía.

Licurgo (Aparte.)    (¿Que su hermano fue el autor
de mi afrenta, santos cielos?
¿Cuando escapé de mis celos,
doy en desdicha mayor?
¿Que es hermano mi ofensor
de mi querida Diana?
¿Hay suerte más inhumana?
Mas ya es fuerza corazón,
yo he de matar a Teón,
y he de gozar a su hermana:
¿es Teón un joven fuerte,
airoso y robusto?)

| | |
|---|---|
| Diana | Sí. |
| Licurgo<br>(Aparte.)<br><br>(Levántanse.) | En el camino le vi.<br>(A dioses, cierta es mi muerte;<br>cese el retrato: la suerte<br>por las estrellas, primero<br>que le dé colores, quiero<br>consultar: que he de perder<br>yo la vida, o no ha de ser<br>vuestro esposo el extranjero.) |
| Diana | El bosquejo me enseñad. |
| Licurgo | No será intento discreto,<br>pues aun después de perfecto,<br>ofenderá esa beldad:<br>antes, pues a la verdad<br>no ha de igualar, fuera acción<br>más cuerda que a imitación<br>de Timantes mi pincel<br>le pusiera el velo, que él<br>al rostro de Agamenón,<br>a solas retocaré<br>el dibujo: y no os espante,<br>que en viéndoos, al mismo instante<br>en el alma os retraté;<br>y trasuntaros podré,<br>después que una vez os vi,<br>mejor que de vos de mí:<br>que a vos puede el tiempo ingrato<br>mudaros, y no al retrato<br>que en mi memoria imprimí. |

| | |
|---|---|
| Diana | Que bien sabe vuestro labio<br>hacer lisonja, si todo<br>lo sabéis del mismo modo,<br>justamente os llaman sabio. |
| Licurgo | Advertid que hacéis agravio<br>con eso a vuestra beldad. |
| Diana | A Dios, Licurgo; y mirad<br>que espero alegre y segura<br>que ha de ser vuestra pintura<br>medio de mi libertad. |
| Licurgo | Yo lo haré, como al que hacello<br>la vida importa. |
| Diana | ¿La vida? |
| Licurgo | Juzgarla podéis perdida,<br>si yo no salgo con ello. |
| Diana | Pues error será emprendello. |
| Licurgo | El desistir no es valor. |
| Diana | Perderos será peor. |
| Licurgo | Por ganaros, lo pretendo. |
| Diana | Basta, que vais excediendo<br>los límites de pintor. |

Fin de la segunda jornada

## Jornada tercera

(Salen Severo, y Marcela.)

Severo  Declárate.

Marcela (Aparte.)  (Pues no alcanza
remedio al mal que padece
mi amor; la venganza empiece,
donde acaba la esperanza:
digo que mires, señor,
con cuidado por Diana.)

Severo  ¿A dioses, pues es liviana?

Marcela  Licurgo le tiene amor;
mira pues, si es de temer
que un hombre que tanto sabe,
aunque de honesta se alabe,
la llegue al fin a vencer.

Severo  ¿Sabeslo bien?

Marcela  Lo que digo,
he visto, no imaginado.

Severo  A agradecerte el cuidado
que mi honor te da, me obligo;
mas con recato, Marcela,
me avisa de todo.

Marcela  Fía.
que tu causa, como mía,
justamente me desuela:

(Aparte.) (o vengada me he de ver,
Licurgo, o perder la vida,
que es una tigre ofendida;
despreciada la mujer).

(Vase.)

Severo     ¿Qué medio más acertado,
si él me obliga a vivir
celoso, para eximir
mi pecho deste cuidado;
que al Espartano valor
darle a Diana? Él pondrá
al Rey freno, y correrá
por cuenta suya su honor.
Direle mi pensamiento,
sin darme por entendido
de que su amor he sabido,
hasta descubrir su intento.

(Sale un Escudero.)

Escudero     Licurgo viene, señor,
a visitarte.

(Vase.)

Severo (Aparte.)     (Ya veo
efetos de su deseo:
(Sale Licurgo.) o gran Licurgo, mi amor
queréis sin duda pagar,
pues a tan graves cuidados,
como os están encargados,
el tiempo hurtáis, para honrar

esta casa.)

**Licurgo**
　　　　　　Graves son,
mas ninguno puede ser
más importante, que hacer
lo que es tanta obligación.

**Severo**
　　　　Cuando llegastes, partía
yo a lo mismo.

**Licurgo**
　　　　　　　Haber llegado
a tiempo, que ese cuidado
os excuse, es dicha mía.

**Severo**
　　　　¿Qué hay de Esparta?

**Licurgo**
　　　Lo que ya
de mí estaba prevenido,
al Rey de Creta ha pedido
mi persona.

**Severo**
　　　　　　Claro está
que el Rey no ha de concedello.

**Licurgo**
　　　Cortésmente respondió,
y en mil razones fundó
el excusarse de hacello:
pero decidme, Severo,
¿si os obligaba a buscarme,
tener algo que mandarme?

**Severo**
　　　　Trataros, Licurgo, quiero
un negocio, que a los dos
por dicha será importante.

Licurgo	Para importarme, es bastante
solo importaros a vos.

Severo	Supuesto pues que sabéis
mi estado y mi calidad;
y que la honesta beldad
de Diana visto habéis:
tengo, Licurgo, por llano
que nada nos puede estar
mejor a los dos, que honrar
la suya con vuestra mano:
a mí, por el gran aumento
que en ello a mi casa dais;
y a vos, porque aseguráis
vuestro principal intento,
de que no pueda cobraros
jamás Esparta, supuesto
que a Creta ponéis con esto
precisa ley de ampararos:
que os tendrá, el que es principal,
como a deudo obligación;
y los que plebeyos son,
amor como a natural.
Y de otra suerte no espero,
si Esparta nos hace guerra,
que sacrifique esta tierra
sus vidas a un extranjero.

Licurgo	De vuestros merecimientos
y de mis obligaciones
ofensas son las razones,
y agravios los argumentos:
¿Qué causa más poderosa,

|||
|---|---|
| | que efeto más soberano, |
| | que gozar la blanca mano |
| | de vuestra Diana hermosa? |
| | Dejad que el suelo, que toca |
| | vuestra heroica planta, bese, |
| | para que en él os confiese, |
| | el bien que gano, mi boca. |
| Severo | Tened, Licurgo; no hagáis |
| | tal extremo. |
| Licurgo | Estoy tan loco: |
| | que daros el alma es poco, |
| | por la mano que me dais. |
| Severo | Nuestro contento es igual; |
| | pero con tal ha de ser, |
| | que en el pecho os he de ver |
| | antes la efigie real, |
| | que de Diana gocéis: |
| | porque el no haberla aceptado, |
| | a sospechar ha obligado |
| | que en el honor padecéis |
| | algún defeto; y no quiero |
| | que a mis deudos ofendamos, |
| | con lo mismo que intentamos, |
| | para obligarlos. |
| Licurgo | Severo. |
| | eso es justo: ¿qué he de hacer? |
| (Aparte.) | (O fuerte contradicción: |
| | si antes doy muerte a Teón, |
| | a su hermana he de perder, |
| | pues si recibir intenta |

mi pecho, antes de vengarme,
la efigie, será arriesgarme,
a que sabida mi afrenta,
antes que tenga ocasión
mi venganza, de ese modo
la pierda, y lo pierda todo:
¿Quién vio mayor confusión?
Mas un remedio me ofrece
el amor.)

Severo     ¿Qué os suspendéis?
decidme, ¿qué desoldéis?

Licurgo     La gloria que no merece,
teme perder mi cuidado;
y así porque aseguremos
los dos lo que pretendemos,
un medio justo he pensado;
y es, que la mano me dé
luego mi Diana hermosa:
mas la posesión dichosa
no alcance yo, hasta que esté
en mi pecho la real
insignia.

Severo     Así me aseguro,
esponsales de futuro,
y pacto condicional
han de ser.

Licurgo     Así se alcanza
todo, pues ni mi afición,
sin cumplir la condición,
puede lograr su esperanza,

|  |  |
|---|---|
| | ni cumpliéndola, perdella. |
| Severo | Pues hablar quiero a Diana, que aunque tanto en ello gana, es bien tratarlo con ella. |
| Licurgo | Y yo, porque en mi favor la sentencia consigáis, voy a hacer, mientras la habláis, sacrificio al dios de amor. |

(Vase.)

(Sale Diana.)

|  |  |
|---|---|
| Diana (Aparte.) | (Mal sosiega un agraviado: prometió no amarle el Rey, mas la palabra no es ley en un firme enamorado: si lo es, él prometió antes no olvidarme a mí: ¿Pues como el mudable así quebranta la que me dio?) |
| Severo | Hija. |
| Diana | Señor. |
| Severo | Pues te veo siempre a mí tan obediente, sin que prólogos intente, has de saber mi deseo: dueño ha de ser de tu mano Licurgo, pues no llegó |

|               |                              |
|---------------|------------------------------|
|               | a efeto, lo que trató<br>en Licia Teón tu hermano. |
| Diana         | ¿Qué dices?                  |
| Severo        | Que yo le he dado<br>el sí de tu casamiento;<br>obligado de tu aumento,<br>y en obediencia fiado. |
| Diana (Aparte.) | (Ay de mí.)                |
| Severo        | Pues ¿no te agrada?          |
| Diana (Aparte.) | (Pero si el Rey me desprecia,<br>ya soy de constante necia,<br>y necia de porfiada;<br>que si mi mal inhumano<br>remedio no ha de alcanzar,<br>resuelto ya el Rey a dar<br>a la de Atenas la mano,<br>pues sin esperanza peno,<br>¿qué agravio de su mudanza<br>me dará mayor venganza,<br>que verme en poder ajeno?) |
| Severo        | ¿Qué dices?                  |
| Diana         | Pues es forzoso<br>que te saque de ese empeño,<br>Licurgo será mi dueño. |
| Severo        | No hay padre más venturoso;<br>al punto voy a pedir |

                  licencia al Rey.

(Vase.)

Diana                   Si la da,
mudado del todo está,
y no tengo que sentir,
y a lo menos hará a su olvido
un recuerdo así mi amor:
que no hay más despertador
que celos de amor dormido.

(Sale Marcela.)

Marcela (Aparte.)   (El recelo desuela,
y me atormenta el cuidado:
prima mía, ¿qué has tratado
con tu padre?)

Diana                Ay mi Marcela,
mi muerte y la tuya ha sido;
a Licurgo me mandó
dar la mano.

Marcela           Triste yo: que dices.

Diana     Que no he podido
excusallo; la mudanza
del Rey me pudo obligar:
¿Que ya que puede esperar,
quien perdió tal esperanza?

(Vase.)

| | |
|---|---|
| Marcela | Ay de mí; donde busqué
el remedio, le perdí:
mas del ingrato y de ti,
si puedo, me vengaré. |

(Vase.)

(Salen el Rey, y Palante.)

| | |
|---|---|
| Palante | La pena que te fatiga
has remediado, con dar
licencia, para casar
con Licurgo a tu enemiga:
cobra esperanza, que puesto
que abrasada en tu afición,
te niega la posesión
solo por su estado honesto:
casada tendrá, señor,
libertad más atrevida,
para arrojarse, vencida
de tu firmeza y su amor. |
| Rey | Es verdad; mas ofender
a Licurgo también siento. |
| Palante | El remediar un tormento
que te da muerte, ha de ser
lo primero en ti, señor. |
| Rey | La resistencia que he hecho,
sabes tú: mas es mi pecho
humano, y es Dios amor;
mas él viene. |

| | |
|---|---|
| Licurgo | Vuestra Alteza<br>me dé los pies. |
| Rey | Levantad,<br>Licurgo amigo, y gozad<br>por mil siglos la belleza<br>de Diana. |
| Licurgo | Para ser<br>vasallo más natural<br>desta corona Real,<br>le doy la mano. |
| Rey | El poder<br>de Creta habéis aumentado;<br>¿cuándo se hará el casamiento? |
| Licurgo | Severo partió al momento<br>a su quinta, con cuidado<br>de disponer lo que importe;<br>que allí se han de efectuar<br>las bodas, por evitar<br>la ostentación de la Corte. |
| Rey | Es prevención importante;<br>¿tenéis que comunicar? |
| Licurgo | A solas os quiero hablar. |
| Rey | Déjanos solos, Palante. |

(Palante se va.)

| | |
|---|---|
| Licurgo | De las leyes, que he pensado |

|         | que al buen gobierno convienen
deste Reino, algunas vienen,
señor, en este traslado. |

Rey        ¿Queréis luego publicallas?

Licurgo    Consultar las voluntades,
del pueblo en las novedades,
es el modo de acertallas:
porque el vulgo interesado,
que tiene el caso presente,
descubre el inconveniente,
que el superior no ha alcanzado.
Y el que emprende novedad
de importancia, antes de hacer
esta experiencia, a perder
se arriesga la autoridad.
Que revocar brevemente,
lo que ha mandado, es mostrar
que es liviano en revocar,
o fue en mandar imprudente.

Rey        Bien decís.

Licurgo                Esta razón
me ha obligado a divulgallas,
antes que mandéis guardallas.

Rey        Decildas pues.

Licurgo                    Estas son.

(Lee Licurgo un papel.)    Que los plebeyos en llegando
a edad de dieciocho años, den

        cuenta del oficio que tienen para
        sustentarse; y hallándolos ociosos,
        sean condenados a las obras
        públicas.

Rey        Rigor y dificultad
        tiene esa ley.

Licurgo       Nadie ignora
        que es de los vicios autora,
        gran señor, la ociosidad:
        principio es de la pobreza
        del Reino, y lo que destruye
        los miembros, le desminuye
        el poder a la cabeza.
        Y siendo este mal tan grave,
        la ley no os parezca dura;
        que un gran daño no se cura
        con medicina suave.

Rey          Adelante.

(Lee Licurgo.)    Que los nobles, que en llegando
        a veinticuatro años de edad,
        no hubieren servido tres en la
        guerra, no gocen las exenciones,
        hasta servillos.
        Esto es fundado en razón;
        reconozca la nobleza,
        puesto que de Marte empieza,
        su original profesión.
        Allí se aumenta el valor,
        se aprende el trabajo, y hecho
        a peligros pierde el pecho

|  |  |
|---|---|
| | a la fortuna el temor. |
| | Y así cuando más dormida |
| | esté en la paz vuestra tierra, |
| | estará para la guerra |
| | ensayada y prevenida. |
| Rey | Proseguid. |
| (Lee Licurgo.) | Que muriendo el rico casado sin hijos, deje a su consorte, si fuere pobre, la congrua sustentación, por lo menos hasta las segundas bodas. |
| Rey | Eso es justo. |
| Licurgo | Es caso fuerte que el que fallece, no impida el deshonor de la vida que más ha de honrar su muerte: y que obligue deste modo a que del todo empobrezca su esposo, porque enriquezca algún extraño del todo. Y una breve cantidad negar en sus bienes quiera, a quien quiso que tuviera en sus hijos la mitad. |
| Rey | Está bien. |
| (Lee.) | |
| (Lee Licurgo.) | Que los extranjeros que quisieren avecindarse en este Reino, gocen |

|        |                                                  |
|--------|--------------------------------------------------|
|        | desde luego de las preeminencias de vecinos, y naturales. |
| Rey    | ¿Cuál es el fin de esa ley? |
| Licurgo | Que vuestras fuerzas aumente, que la copia de la gente hace poderoso al Rey. |
| Rey    | De la gente amiga y propia se entiende; que de la extraña antes sospecho que daña, y es peligrosa la copia. |
| Licurgo | La extraña, señor, se hace tan propia por la amistad el trato y la vecindad, como la que en Creta nace: porque a darle el tiempo viene hijos y caudal en ella; y no hay más patria, que aquella donde tales prendas tiene. |
| Rey    | Proseguid. |
| (Lee Licurgo.) | Que los oficios de justicia no tengan situado en la real hacienda estipendio cierto; sino que a cada ministro se le señale según la calidad, y necesidad del oficio, y la persona. |
| Licurgo | Este es, señor, provechoso arbitrio a mí parecer; que el rico no ha menester más premio que el cargo honroso: |

|  |  |
|---|---|
|  | y el pobre, a quien congruente<br>sustento señalaréis,<br>si enriqueciere, sabréis<br>que ha sido ilícitamente:<br>ni por esto es de temer<br>que quien sirva ha de faltar;<br>que es poderoso el mandar,<br>y es hechicero el poder. |
| Rey | Proseguid. |
| (Lee Licurgo.) | Que los afrentados por delitos dañosos a la república, no sean desterrados del lugar en que los afrentaron, antes obligados a vivir en él. |
| Rey | No entiendo vuestra intención. |
| Licurgo | Demos que en Creta se afrente<br>alguno por maldiciente,<br>por embustero, o ladrón;<br>el desterrallo, es hacer,<br>en lugar de castigallo,<br>su negocio, y enviallo<br>a otro lugar a ejercer<br>con más daño su maldad,<br>pues el ignorar su trato<br>quita a la gente el recato,<br>y a él le da libertad:<br>luego donde fue afrentado<br>hará, el ser ya conocido;<br>al pueblo más prevenido,<br>y a él más escarmentado. |
| Rey | Basta por hoy; las demás |

|        |        |
|--------|--------|
| (Aparte.) | (¿veré, Licurgo, otro día, cuando, ardiente pena mía, el rigor mitigarás?) |

(Coridon dentro.)

Coridon    Hemos de hablarle.

(Un criado dentro.)

Palante    Serranos,
tened respeto, aguardad.

(Dentro.)

Coridon    Oigamos su Majestad.

(Entra Palante.)

Palante    Una turba de villanos,
que a Teón y sus criados
hasta palacio han traído
presos, romper han querido
las puertas alborotados,
por hablarte.

Rey    Entren.

(Entra Palante, y otros villanos y Teón, y sus criados atados.)

Palante    Serranos, entrad.

Coridon    Señor prepotente,
este mancebo insolente

|                      | por los pueblos comarcanos
|                      | muchas hermosas doncellas
|                      | y casadas esforzó,
|                      | y a muchos hirió y mató,
|                      | que quisieron defendellas.
|                      | A remediar este mal
|                      | nos juntamos, y durmiendo
|                      | le agarramos, mas sabiendo
|                      | que es persona principal,
|                      | castigar su gran malicia,
|                      | muchos Alcaldes no osaron,
|                      | y a vos mismo nos mandaron
|                      | que pidiésemos justicia:
(Los villanos todos.)   justicia, Señor.

Rey                    Los pechos,
                       labradores, sosegad,
                       yo haré justicia, fiad
                       que iréis todos satisfechos.

Teón                   ¿Dónde está mi padre, amigo?

Palante                A su Quinta se partió.

Teón                   Haz avisarle, que yo,
                       como prendieron conmigo
                       mis criados, he llegado
                       antes que la nueva aquí.

Palante                Harelo al punto, que a mí
                       también tu afrenta ha tocado.

(Vase.)

| | |
|---|---|
| Rey (Aparte.) | (Aunque es la hermosa Diana<br>a mis penas tan cruel,<br>ni he de castigarlo a él,<br>por no ofender a su hermana,<br>ni si acaso su malicia<br>merece pena, es razón<br>que con injusto perdón<br>dé quejas de mi justicia.<br>A Licurgo encargaré<br>su causa, que él por mostrar<br>más rectitud, ha de usar<br>más rigor; y así daré<br>a mi Diana ocasión<br>de aborrecelle: escuchad<br>los villanos, y juzgad<br>vos la causa de Teón,<br>Licurgo.) |
| Licurgo | ¿De un deudo mío<br>queréis hacerme juez? |
| Rey | Sí, que pretendo esta vez<br>conocer de quién me fío. |
| (Vase.) | |
| Licurgo (Aparte.) | (A obedeceros me obligo,<br>que el tiempo me enseñará<br>lo que he de hacer.) |
| Danteo | Puesto esta<br>en tus manos tu enemigo. |
| Licurgo | Disimular nos conviene; |

|   |   |
|---|---|
|  | no nos conozca Teón. |
| Coridon | Cielos, ¿no es este Lacón?<br>ved la braguedad que tiene,<br>Lacón. |
| Teón | ¡Qué escucho! |
| Danteo (Aparte.) | (Ah, villano.) |
| Coridon | ¡O luego pierde el juicio<br>el roín puesto en oficio:<br>que presumido y que vano<br>está ya, el que en una venta<br>paja y cebada ha medido! |
| (A Telamon.) |  |
| Licurgo | Coridon me ha conocido,<br>y ha de publicar la afrenta,<br>que de Teón recibí:<br>remedialo, Telamon. |
| Danteo | Ya has hablado, Coridon;<br>no tienes que hacer aquí,<br>sal fuera. |
| Coridon | Escuchadme. |
| Danteo | Cierra<br>los labios, o te echaré<br>a palos. |
| Coridon | No, que ya sé |

que es palos bellaca tierra.

(Vase.)

Teón (Aparte.) (Ah dioses, yo soy perdido,
que es Licurgo, al que mi mano
en el traje de villano
injustamente ha ofendido.
Advertid que soy Teón,
hijo del noble Severo.)

Licurgo  Yo mismo llevaros quiero,
pues lo sois, a la prisión,
que el decoro he de guardar
a vuestra sangre debido.

Teón  Que antes me escuchéis, os pido,
que a solas os quiero hablar.

Licurgo  Dejadnos solos.

Danteo  Serranos, despejad.

Villano I  Él le dirá mil enredos.

(Vase.)

Villano II  O querrá
por dicha untarle las manos.

(Vanse.)

Licurgo  Ya estamos solos, hablar
podéis.

**Teón**

    Licurgo, no hay cosa
de la sangre generosa
más digna, que perdonar,
no, por haber merecido
el gobierno y la privanza,
hagáis injusta venganza
en un preso y oprimido,
pues a mi padre debéis
el poder y la opinión,
que de un villano Lacón
os levantó donde os veis.

**Licurgo**

    Mi poder teméis en vano
que mi afrenta vengue aquí,
y cuando la recibí,
era Lacón un villano.
Ya soy Licurgo, Teón;
y no es cordura pensar
que Licurgo ha de vengar
las injurias de Lacón.
Antes ninguno pudiera
juzgaros (esto fiad
de mí) que a la libertad
más presto que yo os volviera.

**Teón**

    Con eso iré a la prisión
seguro de mi ventura.

**Licurgo**

    En Licurgo está segura:
pero guardaos de Lacón.

(Vanse.)

(Salen Coridon, Doristo, y otros villanos.)

Doristo            Coridon, ¿de qué estás triste?
¿Es por Menga?

Coridon                 No, Doristo,
que de enviudar y heredar
ninguno se ha entristecido.

Doristo            ¿Es porque dicen que vienen
de Esparta los enemigos
a darnos guerra?

Coridon                 Tampoco.

Doristo            Pues di, ¿qué te ha sucedido?

Coridon            ¿Esto a matar con Licurgo,
que haya mandado que el vino
se venda solo en boticas?
Yo he de perder el juicio.

Doristo            ¿El vino en boticas?

Coridon                 Sí:
¿quién vio mayor desatino?
diz que dicen los Dotores
que es dañoso, y han querido,
que a quien ellos ordenaren,
lo den a gotas.

Doristo                ¿El vino a gotas?

Coridon            Sí, el vino a gotas,

            y el agua nos dan a ríos,
            pobre vino, ¿qué será
            verlo encerrado en un vidrio
            entre las aguas infames
            de Lonfrancos y Colillos?
            Pues no ha de pasar así;
            rebelémonos, Doristo,
            demos guerra a las boticas,
            demos libertad al vino,
            que para esto yo hallaré
            mil mosqueteros amigos.

Doristo          Viva el vino, y muera el agua,
            pero la fuente del pino
            es esta, donde Licurgo
            nos mandó aguardar.

Coridon          ¡Que quiso
            que para aguardarle, fuese
            una fuente de agua el sitio!
            Pu, mal ayas, enemiga
            del gusto, licor maldito,
            que el cielo te echa de sí,
            y por la tierra corrido,
            arrastrado, y despeñado
            llegas al mar fugitivo.

(Salen Licurgo y Danteo de villanos.)

Licurgo          Aquí están ya los villanos.

Coridon          ¿No sabéis lo que imagino?,
            que es gran borracho Licurgo,
            y con esta traza quiso

|         | tener modo, de poder |
|---------|---|
|         | hartarse él solo de vino. |
| Danteo  | De ti murmuran. |
| Licurgo | Pensión |
|         | es del buen gobierno, amigos, |
|         | los dioses os acompañen. |
| Coridon | Oh Lacón, ¿nos has oído? |
| Licurgo | No: |
| Coridon | Mal año, si lo oyeras. |
| Licurgo | ¿Qué fuera? |
| Coridon | Lo dicho dicho. |
| Licurgo | Bueno a fe. |
| Coridon | Lacón, decid, |
|         | ¿cómo estáis tan presumido, |
|         | en siendo Licurgo? |
| Licurgo | Es esa |
|         | obligación del oficio. |
| Coridon | Pues sos agora, Lacón, |
|         | remediad esto del vino. |
| Licurgo | Después trataremos de eso: |
|         | agora entre estos alisos |
|         | os esconded, y callando, |

                        que importa a un intento mío,
                        seguid el orden, que os diere
                        Telamon.

Coridon                 Esto del vino.

(Vanse los villanos.)

Licurgo                 Retirémonos, que siento
                        pasos.

(Salen un Alcaide y Teón.)

Alcaide                 Ya estáis en el sitio,
                        donde aguardarle os mandó
                        vuestro padre.

Teón                            Alcaide amigo,
                        vuestro esclavo soy.

Alcaide                         A Dios,
                        que yo me vuelvo a mi oficio.

(Vase.)

Licurgo                 Ya Teón está en el puesto.

Danteo                  Declárame tus designios.

Licurgo                 Del Alcaide confié.
                        este engaño, y he traído
                        esos villanos a ser
                        de mi venganza testigos,
                        pues lo fueron de mi afrenta:

                y aunque puede el ofendido
                tomar la justa venganza
                con ventaja: el valor mío
                quiere matar cuerpo a cuerpo
                en el campo a mi enemigo.
                Tú con esos labradores
                atiende al Marcial conflicto,
                sin moveros, hasta verme,
                o vencedor, o vencido.
                Y si acaso fuere yo
                el muerto, este papel mío
(Dale dos papeles.)  darás al Rey, que por él
                le perdono este delito,
                y este a mi esposa Diana,
                cuya mano he merecido,
                y es para la posesión
                esta venganza el camino.

Danteo           Pues ya le diste la mano,
                dar muerte a su hermano mismo,
                es gran crueldad.

Licurgo                   Esto es ser
                honrado, no vengativo:
                calla, y vete.

Danteo                  Yo obedezco,
                y que has de vencer confío;
                que el valor y la razón,
                y el amor llevas contigo.

(Vase.)

Teón             ¿Gente viene; si es mi padre?

                  ¿mas no es Licurgo el que miro?
                  o hermano.

Licurgo            Ten, que no soy
                  sino Lacón tu enemigo.
                  El villano que agraviaste
                  soy yo, Licurgo es marido
                  de tu hermana, él dio palabra
                  de librarte, ya lo hizo:
                  mas guárdate de Lacón
                  Licurgo también te dijo;
                  ni del te puedes quejar,
                  pues te dio tan cuerdo aviso:
                  ni de Lacón, que agraviado
                  cuerpo a cuerpo en desafío
                  toma tan justa venganza.

(Acuchíllanse.)

Teón              Presto verás que mis bríos
                  de tan loca bizarría
                  te dejan arrepentido.

Licurgo           Cuanto más es tu valor,
                  mayor fama dará al mío.

(Vanse.)

(Salen los villanos, y Danteo, Coridon con piedras.)

Coridon           ¡Pese a tal, y con qué furia
                  se dan los dos enemigos!
                  Por Júpiter que semejan
                  a dos celosos novillos.

| | |
|---|---|
| Danteo | No os mováis. |
| Coridon | Deja si quiera
que arroje este mendruguillo
al bellaco de Teón:
mas ya en el suelo rendido
ha dado a todos venganza. |
| Danteo | Ya tiene justo castigo. |
| Coridon | ¡Que tenga tanto valor
quien es contrario del vino! |

(Sale Licurgo.)

| | |
|---|---|
| Licurgo | Ya, serranos, que mi afrenta
vistes, también habéis visto
mi venganza, y ya os he hecho
justicia de sus delitos. |
| Coridon | Y voto al Sol, como honrado. |
| Licurgo | Oye, Telamon, amigo,
en la más profunda cima
oculta el cadáver frío:
y antes que el caso publiquen,
lleva a mi casa contigo
estos villanos, y en ella
estén presos y escondidos:
que hasta que mi esposa goce,
no ha de saberse que he sido
homicida de su hermano;
antes fingiré que vivo, |

          y libre está por mi industria.

Danteo         Bien haces.

Licurgo              Seguid, amigos,
a Telamon, y guardad
secreto, en lo que habéis visto,
hasta que os avise.

Coridon                Vamos,
mas puesto que es vuestro oficio
deshacer agravios, otro
deshaced.

Licurgo         ¿Cuál?

Coridon        El del vino.

(Vanse.)

(Salen el Rey y Palante, el Rey leyendo una carta.)

Rey          A fortuna vil, ya veo
que solo mi mal ordenas;
ya la Princesa de Atenas
habita al campo Leteo,
Palante.

Palante         ¿Hay nueva más triste?
¿La Princesa es muerta?

Rey                   Sí,
su padre lo escribe así.

| | |
|---|---|
| Palante | Tu cara esposa perdiste, |
| | y en ella el Reino de Atenas; |
| | el cielo te es enemigo. |
| | |
| Rey | Pues esa perdida, amigo, |
| | no es la ocasión de mis penas; |
| | sino el haberlo sabido, |
| | cuando ya Licurgo alcanza, |
| | lo que pierde mi esperanza, |
| | orden de mi suerte ha sido: |
| | Diana fuera mi esposa, |
| | si yo esta nueva tuviera, |
| | antes que a Licurgo hiciera |
| | digno de su mano hermosa. |
| | Pues difunta ya la hija |
| | del de Atenas, no le queda |
| | otra, que impedirme pueda |
| | que dueño a mi gusto elija. |
| | |
| Palante | Pues se perdió esa ocasión, |
| | ya lo que importa, es buscar |
| | remedio para aplacar |
| | tu ardiente y ciega pasión: |
| | que en esto tan de tu parte |
| | está Marcela, que creo |
| | que has de cumplir tu deseo: |
| | pues ella se ofrece a darte |
| | en su cuarto mismo entrada; |
| | y a Licurgo fácilmente |
| | puedes hacer que se ausente. |
| | |
| Rey | ¿Cómo? di. |
| | |
| Palante | Pues publicada |

|   |   |
|---|---|
|  | la enemistad, el de Esparta<br>viene talando tu tierra,<br>por general desta guerra<br>le nombra; y haz que se parta<br>a impedirle el paso. |
| Rey | Amor<br>me ciega, disculpa tengo. |
| Palante | El remedio te prevengo,<br>como quien ve tu dolor. |
| Rey | No en vano en mi corazón<br>el lugar primero tiene<br>tu amistad. |
| Palante | Licurgo viene. |
| Rey | Darele luego el bastón. |

(Salen Licurgo, y Danteo.)

|   |   |
|---|---|
| Licurgo | Ya que servicios he hecho,<br>señor, en Creta, y cumplido<br>con la ley, que ilustre, os pido,<br>la efigie real mi pecho. |
| Rey | Siempre vos en mi opinión<br>la tuvistes merecida. |
| Licurgo | Siglos cuente vuestra vida. |
| Rey | La medalla y el bastón<br>saquen luego. |

Palante        Voy, señor.

(Vase.)

Rey            Del Espartano poder
               solo os podrá defender,
               Licurgo, vuestro valor:
               y así os hago desta guerra
               general, porque partáis
               a encontrallo, y le impidáis
               hacer más daño en mi tierra.

Licurgo        Vuestra voluntad Real
               es ley.

(Sale Palante con una medalla, y un bastón.)

Palante        Ya está aquí el bastón, y efigie.

Rey            La obligación,
               en que esta heroica señal
               os pone, vuelvo a explicaros:
               ser leal, y en mi defensa
               morir, no sufrir ofensa
               de vuestro honor, sin vengaros.

Licurgo        Por los dioses celestiales
               juro cumplirlo.

(Pónesela al cuello.)

Rey                      Tomad
               la medalla pues, y honrad

|            | los commilites reales. |
|---|---|
| Licurgo    | Dadme esos pies soberanos<br>por tal merced. |
| Rey        | Recibid<br>el bastón, y hoy os partid<br>a entrenar los Espartanos. |
| Licurgo    | ¿Hoy, señor? |
| Rey        | Para marchar<br>mi gente está prevenida;<br>Creta es por vos oprimida,<br>y vos la habéis de librar. |

(Vase, y Palante.)

| Licurgo | Nunca la fortuna airada<br>dio ventura sin pensión;<br>hoy tu dulce posesión<br>alcanzo, esposa adorada,<br>y es hoy partirme forzoso:<br>¿qué noche tan diferente,<br>que esperaba, tendré ausente<br>de tu tálamo dichoso? |
|---|---|
| Danteo | ¿No te aflijas, que jornada<br>puede el ejército hacer<br>hoy, que no puedas volver<br>a gozar tu esposa amada?<br>Esta noche fácilmente,<br>para que no sepa el Rey<br>que has quebrantado la ley, |

|   |   |
|---|---|
|  | desamparando su gente, |
|  | podrás ausentarte della, |
|  | cuando el sueño la sepulte, |
|  | y volver cuando se oculte |
|  | en el mar la última estrella. |
| Licurgo | Bien has dicho; pero acá |
|  | importa la prevención |
|  | y el secreto, Telamon; |
|  | a cuyo efeto será |
|  | el quedarte tu forzoso, |
|  | para que tengas la puerta, |
|  | al punto que llegue, abierta: |
|  | porque ni mi dueño hermoso |
|  | lo ha de saber, hasta hallarme |
|  | en sus brazos. |
| Danteo | Quede así. |
| Licurgo | Telamon, solo de ti |
|  | pudiera en esto fiarme. |

(Vanse.)

(Sale Marcela.)

| Marcela | ¿De celosa pasión locos desuelos; |
|---|---|
|  | que excesos, que delitos no han causado? |
|  | De amor y celos, y desdén forzado, |
|  | dejó su luz hermosa el dios de Delos. |
|  | ¿La misma Juno, que en los altos cielos |
|  | trono ocupa de estrellas fabricado; |
|  | que yerros, que locuras no ha intentado |
|  | con la furia de amor desdén y celos? |

Que mucho, hay triste, si pasiones tales
tienen tanto poder, en quien alcanza
el cetro de los dioses celestiales.
¿Que humana yo, perdida la esperanza,
intente, para alivio de mis males,
con amor, celos, y desdén venganza?

(Sale Diana.)

Diana      Marcela, ¿quién me podrá
igualar en desventura?

Marcela      Es pensión de la hermosura.

Diana      Partiose mi esposo ya
a la guerra, y la cruel
suerte, que al Rey me ha quitado;
aun quiere darme penado
el bien que me dio por él.

Marcela (Aparte.)      (¿Quejas das al ofendido?
presto volverá a gozarte
con mil despojos de Marte.)

Diana      Ay, prima, que ha sucedido
uno y otro mal agüero;
que cuando, al partir, me dio
los brazos, se le cayó
del lado el bruñido acero:
y al instante que salía
por la sala, del ingrato
Rey mi enemigo el retrato,
que sobre el umbral pendía,
sobre sus hombros cayó;

|  |  |
|---|---|
| | y al poner en el estribo
el pie, furioso y esquivo
el caballo resistió. |
| Marcela (Aparte.) | (Agüeros son evidentes
de un gran mal; de mi venganza
temores a tu esperanza:
con justa causa lo sientes,
tus penas alivie el cielo;
que yo te quiero dejar,
porque al triste suele dar
la soledad más consuelo.) |
| Diana | No puede en males tan fieros. |
| Marcela (Aparte.) | (Hoy me vengo, yo he de abrir
al Rey la puerta, y cumplir
esta noche los agüeros.) |

(Vase.)

| | |
|---|---|
| Diana | Dioses, si vuestra deidad
de mí se venga ofendida,
dar fin a mi triste vida,
será piadosa crueldad:
pero sino os ofendí,
pues de justos os preciáis,
o dadme el bien que me dais,
o volvedme el que perdí. |

(Vase.)

(Salen el Rey, y Palante de noche.)

| | |
|---|---|
| Palante | Tu gloria verás cumplida
esta noche, pues Marcela
en servirte se desuela. |
| Rey | O mi tormento, o mi vida
tengan fin. |
| Palante | La seña haré. |
| Rey | Ay, amigo, loco estoy. |

(Marcela a la ventana.)

| | |
|---|---|
| Marcela | ¿Es Palante? |
| Palante | Sí. |
| Marcela | Ya voy. |

(Vase.)

| | |
|---|---|
| Rey | O venceré, o moriré. |
| Palante | Otra ocasión no te queda,
si esta no sabes gozar. |
| Rey | Por fuerza pienso alcanzar,
lo que por amor no pueda;
piérdase el Reino, Palante,
y el mundo, pues yo me pierdo;
que es imposible ser cuerdo,
el que es verdadero amante. |

(Marcela a la puerta.)

| | |
|---|---|
| Palante | Ya está a la puerta Marcela. |
| Marcela | Entrad. |
| Rey | Marcela querida, tuyo es mi Reino, y mi vida. |
| Marcela (Aparte.) | (¿Qué no hará, quien ama y cela? Seguidme.) |

(Van andando por el teatro como a oscuras.)

| | |
|---|---|
| Rey | Porque a mi intento ayude la soledad, solo los dos me dejad, en llegando a su aposento. |
| Marcela | Bien dices; que con testigos nunca una mujer honesta se atreve; su puerta es esta. |
| Rey | Pues dejadme solo, amigos. |
| Marcela | Por si lo sintiere acaso Severo, será importante, que o para avisar, Palante, o para impedirle el paso, estemos en centinela en su cuarto. |
| Palante | Ya te sigo. |

(Vase.)

Marcela (Aparte.)        (Este es, Licurgo, el castigo
                         de no estimar a Marcela.)

(Vase.)

Rey (Aparte.)            (Escribiendo está mi dueño,
(Mira adentro.)          como divino inhumano;
                         parece que de la mano
                         le quitó la pluma el sueño:
                         favor a un engaño pido,
                         pues la ocasión me convida.)

(Corren una cortina, parece Diana sentada a un bufete con luces, y la pluma caída de la mano como que se ha quedado dormida, y el Rey mata las luces, y llegase a ella.)

Diana                    ¿Quién es?

Rey                      Esposa querida,
                         tu esposo soy, que he venido
                         a verte secretamente.

Diana                    Ola, una luz.

Rey                      Calla, calla,
                         que antes, mi bien, el matalla
                         fue prevención conveniente,
                         por no ser sentido así:
                         que es contra ley, ausentarme
                         del campo, y solo fiarme
                         pudiera en esto de ti.

(Salen Licurgo, y Danteo de noche, como a oscuras.)

Licurgo              Dioses, ¿qué escucho?

Danteo                      ¿No digo
que la puerta sentí abrir?

Diana              ¿Pues habiendo de venir,
Licurgo, a verte conmigo,
no me avisaras?

Rey                   No fuera
tan dichoso aquí mi amor,
que aquel es gusto mayor,
esposa, que no se espera.

Licurgo             Aquí hay engaño y traición;
presto una luz.

Danteo                   Voy por ella.

(Vase.)

Rey                Cojamos, esposa bella,
el copete a la ocasión;
que son breves los momentos,
que mis dichas te merecen.

Diana (Aparte.)     (Ay de mí, no me parecen
de Licurgo estos acentos;
deja primero, señor,
que una luz vaya a traer.)

Rey               A riesgo quieres poner
mi gusto, vida y honor;

|  |  |
|---|---|
|  | porque despertar podrás, |
|  | a quien publique mi exceso. |
| Diana (Aparte.) | (Mucho resiste, y con eso |
|  | crece mi sospecha más.) |
| Rey | Ven esposa. |
| Diana (Aparte.) | (El Rey parece.) |
| Licurgo (Aparte.) | (¡Lo que tarda Telamon!) |
| Rey | No se pase la ocasión, |
|  | que breve instante me ofrece. |
| Diana (Aparte.) | (Él es sin duda; ¿qué intenta |
|  | tu engañoso y falso amor?) |
| (Danteo con luz.) |  |
| Rey | ¿Qué es esto? |
| Licurgo | Muera el traidor, |
| (Saca la espada.) | que se ha atrevido a mi afrenta. |
| Rey | Detente, que soy el Rey. |
| (Detiénese.) |  |
| Licurgo | ¿El Rey? |
| Rey | El Rey. |
| Licurgo | ¿Quién pudiera |

                atreverse, sino un Rey,
                a hacer a Licurgo ofensa?
                esa puerta, Telamon,
                cierra al momento: no venga,
                quien la más heroica hazaña
                me impida, que historias cuentan.

Rey              ¿Matarme quieres, traidor?
                ¿Que al fin fueron las estrellas
                en un sabio poderosas,
                y en su pronóstico ciertas?

Diana (Aparte.)    (¿Ay de mí; qué confusión?)

Licurgo          Rey, lo que pudieron ellas,
                es darme ocasión tan fuerte
                con mi valor y tu ofensa;
                pero no a la ejecución
                obligarme: y porque veas
                que el sabio, aunque más le inclinen,
                es dueño de las estrellas:
                oye, y verás brevemente
                que con una hazaña mesma
                las venzo, y cobro mi honor,
                aunque imposible parezca.
                Ni es razón, pues ya he besado
                tu mano Real, que mueva
                a darte muerte el acero,
                aunque vida y honor pierda.
                Ni es razón que tú me mates,
                por gozar mi esposa bella,
                ni que tirano conquistes
                con tal crueldad tal afrenta.
                Ni que yo afrentado viva

es razón, que aunque mi ofensa
fue intentada sin efeto,
no ha de examinar, quien sepa
que con mi esposa te hallé,
mi disculpa; y lo que intentan
los Reyes, ejecutado
el vulgo lo considera:
ni es razón, ni yo lo espero,
que tus gentes ya, en defensa
de un extranjero afrentado,
sufran de Esparta la guerra;
ni es razón que yo a mi patria
por su mismo daño vuelva,
si en no derogar mis leyes
consiste su paz eterna:
Pues para que ni te mate,
ni me mates, ni consienta
vivo mi infamia, ni Esparta
me cobre, ni oprima a Creta;
yo mismo daré a mi vida
fin honroso y fama eterna,
porque me llamen los siglos
el dueño de las estrellas.

(Arrojase sobre su espada, y cae muerto.)

Diana        Detente, esposo.

Rey                    Licurgo,
detente; llamad a priesa
quien la injusta ejecución
impida a la muerte fiera.

Diana        Ya no hay remedio: ay de mí

        viuda, cuando esposa apenas.

(Todos.)

Severo        ¿Qué es esto, dioses?

Rey                 La hazaña
mayor, que el mundo celebra;
él mismo se dio la muerte,
de su lealtad y mi ofensa
forzado: Licurgo amigo,
Diana, si así consuelas
tu muerte, será mi esposa;
que no hay otra recompensa
desta hazaña.

Severo            Ya espiró.

Rey        Diana, porque no seas
un punto viuda por mí,
tuyo soy, mi mano es esta.

Severo       En vos resplandecen juntas,
la justicia y la clemencia:
dale la mano, Diana.

Diana        Que a ti y al Rey obedezca
es forzoso.

Danteo          Ya lo es
también, Severo, que sepas
que Licurgo dio a Teón,
en venganza de una afrenta.
que del recibió, la muerte.

Severo           ¿Qué es lo que dices?

Rey              No es esta,
Severo, cuando mis bodas
celebro, ocasión de quejas;
háganse luego a Licurgo
las funerales obsequias;
y un epitafio en su mármol
diga: aquí a su fama eterna
dio principio, y tuvo fin
el dueño de las estrellas.

Fin de la comedia

## Libros a la carta

A la carta es un servicio especializado para
empresas,
librerías,
bibliotecas,
editoriales
y centros de enseñanza;
y permite confeccionar libros que, por su formato y concepción, sirven a los propósitos más específicos de estas instituciones.

Las empresas nos encargan ediciones personalizadas para marketing editorial o para regalos institucionales. Y los interesados solicitan, a título personal, ediciones antiguas, o no disponibles en el mercado; y las acompañan con notas y comentarios críticos.

Las ediciones tienen como apoyo un libro de estilo con todo tipo de referencias sobre los criterios de tratamiento tipográfico aplicados a nuestros libros que puede ser consultado en Linkgua-ediciones.com.

Linkgua edita por encargo diferentes versiones de una misma obra con distintos tratamientos ortotipográficos (actualizaciones de carácter divulgativo de un clásico, o versiones estrictamente fieles a la edición original de referencia).

Este servicio de ediciones a la carta le permitirá, si usted se dedica a la enseñanza, tener una forma de hacer pública su interpretación de un texto y, sobre una versión digitalizada «base», usted podrá introducir interpretaciones del texto fuente. Es un tópico que los profesores denuncien en clase los desmanes de una edición, o vayan comentando errores de interpretación de un texto y esta es una solución útil a esa necesidad del mundo académico.

Asimismo publicamos de manera sistemática, en un mismo catálogo, tesis doctorales y actas de congresos académicos, que son distribuidas a través de nuestra Web.

El servicio de «libros a la carta» funciona de dos formas.

1. Tenemos un fondo de libros digitalizados que usted puede personalizar en tiradas de al menos cinco ejemplares. Estas personalizaciones pueden ser de todo tipo: añadir notas de clase para uso de un grupo de estudiantes, introducir logos corporativos para uso con fines de marketing empresarial, etc. etc.

2. Buscamos libros descatalogados de otras editoriales y los reeditamos en tiradas cortas a petición de un cliente.

www.ingramcontent.com/pod-product-compliance
Lightning Source LLC
LaVergne TN
LVHW041258080426
835510LV00009B/790